늦지 않았어,
오늘이야

늦지 않았어, 오늘이야

초판 1쇄 인쇄일 2020년 1월 22일
초판 1쇄 발행일 2020년 1월 29일

지은이 강숙희
펴낸이 양옥매
디자인 임홍순, 임진형
교 정 조준경

펴낸곳 도서출판 책과나무
출판등록 제2012-000376
주소 서울특별시 마포구 방울내로 79 이노빌딩 302호
대표전화 02.372.1537 **팩스** 02.372.1538
이메일 booknamu2007@naver.com
홈페이지 www.booknamu.com
ISBN 979-11-5776-840-0(03900)

이 도서의 국립중앙도서관 출판시도서목록(CIP2020001819)은
서지정보유통지원 시스템 홈페이지(http://seoji.nl.go.kr)와
국가자료공동목록시스템(http://www.nl.go.kr/kolisnet)에서
이용하실 수 있습니다.

늦지 않았어,
오늘이야

강숙희 지음

책나무

무엇을 새롭게 시작할 수 있을까?
다시 사랑과 꿈을 가질 수 있을까?
내 안에 열정은 아직 남아 있을까?

직장 생활은 언제까지나 영원할 것 같았고
나의 전부였다.
오늘을 살면서 내일을 걱정했다.
내일 해야 할 일이 부담스러워 오늘을 누리지 못했다.
자신에게 너그럽지 못했고
정해진 틀과 시간에서 벗어나면
큰일이 생길 것처럼 조바심을 내며 살았다.

영원하리라 생각되던 것은 영원하지 않았고,
내일은 결국 또 다른 오늘이 되건만
난 내일 때문에 오늘을 잘 살지 못했다.
게다가 나에게 설렘도 사라지고 있었다.

돈으로 살 수 없는 귀중한 시간

내일은 오지 않을지도 모르는 시간

누구에게나 가장 공평하고 정직한 것이 시간

오늘 이 시간을 헛되이 보낼 수는 없다.

이제 '또 다른 나'를 찾기 위해

마음이 가는 대로 움직이자.

내일 때문에 오늘을 아끼지 말자.

내일 때문에 오늘 하지 못한 것이 많았지만

이제는 오늘에만 집중하기로 했다.

내일은 알 수 없으니까.

지금까지 걸어온 길을 후회하지 말자.

젊어서는 잘못된 길을 걷게 될까 걱정이 많았다.

넘어지지 않으려고 몸부림쳤다.

다시 돌아오지 못할 것 같았고

다시 일어서지 못할 것 같았다.

지금은 안다.

시간이 걸리고 상처는 남겠지만

돌아가도 괜찮고, 넘어져도 괜찮다는 걸.

가지 않은 길에 대한 미련이 계속 고개를 내민다.

그래, 할 수 있을 때 해 보는 거다.

하고 싶을 때 하는 거다.

아직 하지 못한 많은 것이 남아 있다.

/ CONTENT /

2부 · "하쿠나 마타타"를 외치다

3부 · 하늘과 맞닿은 땅,
오체투지의 순례자를 만나다

4부 · 두 바퀴의 유혹에 빠지다

1부

또 다른 세상과 마주하다

에베레스트에는 아름답고 장엄한 풍경과는
다른 표현할 수 없는 그리움이 있다.
가장 추웠고 힘들었던 그곳에서 난 그리움을 안고 왔다.
철저하게 내게 집중하며 나를 마주한 곳이었다.
지나온 내가 그리웠고 지나갈 내가 그리웠다.

발목에 새겨진 귀중한 체험의 흔적

발목에 심한 상처가 났다. 쓰리고 아파 걷기도 힘들다. 좀 더 날씨가 풀리면 스커트도 입고 다녀야 할 텐데 심란하다. 내 피부는 한번 상처가 나면 흉터가 쉽게 없어지지 않는다. 걱정스러운 마음에 동네 피부과를 찾아갔다. 피부미용을 위해서는 한 번도 가 본 적 없는 피부과를 발 때문에 처음으로 찾은 것이다.

의사가 내 발의 상처를 보고 놀란다. 치료를 받는 동안 내 시선은 진료실에 걸린 사진을 쫓았다. 포카라라는 곳에서 안나푸르나를 배경으로 찍은 사진인데, 정작 본인은 오르지는 못했고 너무나 가 보고 싶다고 말한다. 안나푸르나가 아닌 에베레스트로 다녀왔다는 내 말에 의사는 엄청 부러워한다. 상처와 염증으로 덮인 나의 발목은 연고를 꾸준히 바르면 6개월 후에 깨끗해질 것이라고 한다.

히말라야 트레킹을 가기 위해 무려 일 년이나 넘도록 길들이며 준비한 등산화 때문이었다. 현지에 도착하여 마음을 다잡듯 등산화 끈을 너무 조인 것이 낭패를 불러왔다. 조그만 상처로 시작되어 나중엔 피부가 너덜너덜해졌다. 트레킹 이튿날 생긴 발목의 상처는 겹겹이 붙인 밴드에도 불구하고 양쪽 발목을 아프게 했다. 고산증에 대한 두려움과 함께 트레킹 내내 나를 괴롭혔다.

가슴이 멈출 것 같은 풍경
마음속으로 그려 왔던 풍경을
살면서 얼마나 만날 수 있을까?

네팔 히말라야에는 세계 최고봉을 포함하여 8,000m가 넘는 봉우리가 10개나 자리하고 있고 에베레스트가 있는 쿰부 히말라야에는 그중 4개가 있다고 한다. 쿰부 히말라야 지역은 가장 가까운 곳에서 에베레스트를 볼 수 있는 곳이다. 울트라 마린 블루 색상의 하늘과 그 하늘을 뚫듯이 하얗게 솟은 설산은 직접 눈으로 보기에 힘든 풍경일 것이다.

그곳을 갈 기회가 왔다. 결정을 내리기가 쉽지 않았다. 늘 그

랬듯이 완벽하게 떠날 조건이란 없었다. 지난 시간들을 돌이켜 보면 항상 그랬다. 결국에는 조건이라는 것도 해 보지도 않고 포기하기 위해 내가 만들어 놓은 테두리일 뿐이었다. 결정은 신속하고 빠를수록 좋다. 고민하고 뜸을 들이다 보면 시작조차 못 하는 경우가 많았다. 내가 없는 자리의 공백은 생각보다 크지 않은데 내가 없으면 안 된다고 늘 착각했다.

그리고 기회는 다음에도 오리라는 믿음도 있었다. 하지만 아니었다. 지금이 기회였다. 일생에서 어찌 보면 단 한 번의 기회. 나중에 분명 후회할 것이라 생각이 들어 떠나기로 했다. 무엇을 하고자 할 때 완벽한 준비란 것이 가능할까? 그것은 어쩌면 불가능한 것인지도 모른다. 시간이 가까이 다가올수록 '그냥 가 보자', '가서 부딪혀 보자'라는 마음만이 날 지탱하고 있었다.

'왜 가고 싶으니?'라고 누군가 물으면
"산이 거기에 있기 때문이다"가 아니라
나는 '다름'을 마주하고 싶었다.
나에게 익숙한 공간이 아닌
전혀 다른 특별한 공간과 마주하고
그 속에서 '또 다른 나'를 발견하고 싶었다.

가 보지도 않고 힘들 것이라고 단정하고 갈 수 있는 기회를 놓치기는 싫었다. 솔직히 말하면 나이가 더 많아지면 갈 자신이 없었다. 갈 수 있는 상황이 되어도 체력의 한계가 올 것 같았다.

무모한 생각과 도전이라 하더라도 용기를 내 보기로 했다. 가족과 친구들이 고산병 때문에 걱정 어린 시선을 보내기도 했지만 지금 아니면 기회가 다시 오지 않을 것 같았다. 불완전한 조건이지만 최선의 선택이라고 믿기로 했다. 시간과 체력 때문에 고민하기보다 아직은 가슴이 떨리기에 나 자신을 믿고 가기로 했다.

출발하기 전에 내가 할 수 있는 준비와 노력에 최선을 다하기로 했다. 꾸준히 산행도 하고 다리 힘을 기르기 위해 스쿼트도 열심히 했다. 유튜브에서 기본자세도 찾아보고 하루 100개씩 석달 정도를 했다. 꾸준히 하는 나를 보더니 가족들도 신기한 눈으로 쳐다보았다. 아들은 엄마의 자세가 틀렸다고 교정까지 해 주었고 아파트를 올라갈 때도 엘리베이터를 타지 않고 계단을 이용하려고 노력했다.

그럼에도 쉬운 길이 아니었다. 해발 2,840m의 루크라에서 5,550m의 칼라파타르까지 고산증과 발목 부상으로 힘들어하면서도 수많은 협곡, 고개, 빙하, 너덜지대를 걷고 또 걸었다. 오르막이 있으면 내리막이 있다는 이야기도 이곳에서는 통하지 않았다. 오르막 끝에 나타났던 평탄한 길도 잠시뿐, 오르막 위에 더 가파른 오르막이 나타나고 상상을 초월한 온갖 다양한 길들이 나타났다. 그곳에서 나는 너무 힘들어 포기하고 싶었지만 더디게 가더라도 가던 길을 멈추고 서 있을 수는 없었다. 계속 걸어갈 수밖에 없었다. 숨이 턱턱 막히면서 힘들게 올라간 정상에서는 오래 머무를 수도 없었다.

쿰부 지역으로의 이동이 눈 때문에 늦어지는 바람에 하산할 때는 60킬로를 3일 만에 걸어야 했다. 고락셉에서 페리체까지, 페리체에서 남체까지, 남체에서 루크라까지 매일 20킬로씩 걸어야 했다. 올라갈 때에는 고산병에 대한 두려움이 커서 제대로 못 보았는지 내려올 때의 풍광은 전혀 달랐다. 내가 생각한 하산 길이 아니었다. 우리나라 산은 봉우리가 하나인 경우가 많아 하산 길은 내리막이지만 이곳의 하산 길은 여러 능선과 계곡 길을 오르락내리락해야 한다.

하산 길에서는 고산증에 대한 두려움은 줄어들었지만 내 다리는 감각이 없어질 정도로 무거웠다. 그리고 발목의 상처가 더더욱 심해졌다.

발목의 상처는 귀중한 체험의 흔적이며,
특별한 공간에서 또 다른 나를 마주하게 한
시간이 준 선물이 되었다.

히말라야의 길을 가다

촐라체 앞에서

꺼내 보지 못한 샴푸

히말라야를 가기로 결정하고 난 후 모든 것이 걱정이었지만 가장 큰 걱정은 고산증에 대한 두려움과 씻을 수 없다는 점이었다. 블로그와 유튜브를 검색해 보았다. 네팔의 겨울은 물 사정이 좋지 않고 또한 고도가 높아 물이 대체로 얼어 있다고 한다. 무엇보다도 제대로 씻을 수 없고 절대 머리는 감지 말라는 정보가 넘쳤다.

지금까지 살면서 2~3일을 씻지 않은 적은 있었다. 대학 1학년 때 강원도 횡성으로 농촌 봉사활동을 갔을 때와, 아프리카 마사이족이 사는 마을에서 마사이족과 며칠을 함께 지낼 때였다. 히말라야 트레킹을 가면 보름 가까이 세수도 못 하고 머리도 못 감는 상황이라니 상상이 되지 않았다. 정말 씻을 수 없을까? 그건 아닐 거야. 나 혼자 묻고 답해 보았다. 과연 이 상황을 어찌 극복해야 할지 난감하기만 했다.

　난 항상 미리 준비하는 습관이 있다. 여러 가지를 꼼꼼하게 준비해야 마음이 놓인다. 떠나기 한 달 전부터 품목을 적고 챙기기 시작했다. 산악 지역은 해발고도가 높아 기온이 아주 낮고 날씨 변화도 심하기 때문에 등산복도 다양하게 준비해야 한다. 여러 친구들의 조언을 받아 보온 물통, 잠잘 때 꼭 필요한 온수 팩, 양모 양말 등도 준비했다. 등산화만 중요하다고 생각했지 양말이 중요한지 몰랐다. 그곳에서는 양말도 매일 갈아 신을 수가 없기에 오랫동안 쾌적함이 유지될 수 있는 두꺼운 양모 양말도 중요했다. 그 물품들을 준비하지 않았다면 큰 어려움을 겪을 뻔했다.

　역시 가장 큰 문제는 씻지 못한다는 점이다. 씻을 물도 부족하니 빨래도 할 수가 없다. 장기간의 여정이기에 옷과 양말, 속옷을 충분히 가져가면 좋겠지만 그럴 수 없었다. 가방 무게 때문이다. 카트만두 공항에서 히말라야 산행의 초입인 루크라 공항까지 가는 경비행기는 무게 제한이 엄격하다. 여행사에서 전해 주는 유의 사항에서 굉장히 강조되는 부분이다. 최소한의 물품만을 가져갈 수밖에 없었다. 양말도 속옷도 자주 갈아입을 수가 없어 나만의 방법도 강구해 보느라 머리가 복잡했다.

얼굴은 닦아 내기 위해 물티슈를 준비하고, 물티슈보다 부피도 작고 따뜻한 물 한 방울로 씻을 수 있다는 코인 티슈도 준비했다. 그러나 여전히 머리 감는 것은 난제였다. 출발 하루 전 우연히 블로그에서 물 없이 머리를 감을 수 있는 샴푸가 있다는 것을 알게 되었다. 세상에 이런 상품이 있으리라고는 생각도 못 했다. 목욕탕에서 부력을 깨닫고 벌거벗은 채 유레카를 외치며 뛰쳐나갔다던 아르키메데스처럼 나도 유레카를 외쳤다.

그런데 인터넷으로 주문을 하기에는 너무 늦은 시기였다. 밤늦은 시간이었지만 십여 군데 가게를 헤맨 끝에 물 없이 사용하는 샴푸를 구할 수 있었다. 다른 어떤 준비물보다 뿌듯했다. 아무리 힘들고 열악한 곳이라도 최소한 기본적인 모습은 지키고 싶었다.

막상 현지에 가 보니 너무나 추워서 따뜻한 물을 넣은 물통을 밤새 껴안고 자야 했고, 코인 티슈에 따뜻한 물을 부어 얼굴을 닦았다. 물 티슈는 얼어서 사용하지도 못하였다. 또 물통에 넣었던 물로 아침에 일어나서 양치질을 했다. 이런 상황에서 머리 감기란 불가능했다. 머리 감으면 감기 걸리기 쉽고 바로 고산증이 온다고 현지 가이드가 여러 번 강조했다.

집 앞 슈퍼도 화장을 안 하면 나가기 꺼리던 내가 씻지도 못하고 보름 가까이를 견디고 온 것은 특별한 경험이었다. 지금껏 나는 남에게 보이는 나의 모습을 의식하며 살아왔다. 당당한 사회인으로 때로는 경우와 인사에 밝은 친절한 사람이 되도록 노력했었다.

생존이라는 명제 앞에서는 보잘것없는 것들.
그것들을 위해 너무 많은 시간과 노력을 기울이며 살아왔다.
나는 이번 여행을 통해 샴푸보다 따뜻한 물 한 방울이
더 필요하고 소중할 수 있음을 깨달았다.

나의 무거운 짐을 대신 짊어지고 가파른 비탈을 힘들게 올라가던 좁교와 내가 비슷한 냄새를 풍기는 동일한 피조물임을 느끼게 되었을 무렵 나는 자유로워졌다. 어렵게 준비해 가지고 간 물 없이 사용하는 샴푸는 결국 가방에서 꺼내 보지도 못했다.

히말라야의 품 안에 안기다

두 번의 비행과 사가르마타 여신

유난히도 추운 날 친구들과 가족들의 배웅을 받으며 처음 가본 인천공항 제2 터미널을 통해 카트만두행 비행기에 올랐다. 긴장을 많이 한 탓인지 비행기에 올라타자마자 피곤이 몰려오고 배가 고팠다. 기내식으로 나온 해물 밥을 먹고 간식으로 주는 피자 한 조각과 삼각 김밥도 모두 챙겨 먹었다. 앞으로는 제대로 못 먹을 것 같다는 생각에 일단 먹어 두자라는 심정이었다.

비행기만 타면 귀가 아프고 울렁증과 고소 공포증이 온다. 긴장되는 마음도 가라앉힐 겸 고전 영화 두 편을 보았다. 평소 피곤하고 눈이 아파서 두 편까지는 안 보는데 잠이 오질 않았다. 옛날에 보았던 영화인 〈메디슨 카운티의 다리〉와 〈모정〉을 보았다. 〈메디슨 카운티의 다리〉는 지금의 나이가 되어 다시 보니 예전에 보았을 때와는 전혀 다른 느낌이었다.

"지난날 꿈을 꾸던 시절이 있었다는
추억만으로도 좋은 일이다."

"처음이자 마지막으로 말하오. 한 번도 말해 본 적이 없소.
이렇게 확실한 감정은 일생에 단 한 번만 오는 거요."

물론 낯선 곳에서 낯설고 설레는 만남을 기대하는 것은 아니지만 이 대사가 히말라야를 찾아 떠나는, 꿈을 찾아 날아가고 있는 내 모습을 응원하는 듯했다. 중년을 넘겨 찾아온 사랑의 떨림은 히말라야를 향하는 나의 떨림과는 결이 다르지만, 쉽게 찾아오지 않을 인생의 기회란 공통점이 있다는 생각을 하며 몰입할 수 있었다.

영화 두 편을 보며 7시간의 비행 끝에 네팔 트리부반 공항에 도착했다. 네팔에서 가장 큰 공항이라는데 시골 간이역 같은 소박한 공항이었다. 인력 수출이나 관광산업으로 살아가는 나라답게 작은 공항에는 내·외국인들이 많았다. 공항을 빠져나와 버스를 타니 현지 인솔 가이드가 인사를 했다. 그리고 여행자들을 위

27

해 환영과 행운의 의미로 금잔화 목걸이를 목에 걸어 주었다. 생화였다. 생화를 일일이 엮어서 만든 정성이 귀하게 느껴진다. 금잔화도 오랜만에 보지만 코끝을 찌르는 향기는 꽤 강했다. 금잔화를 내 목에 걸어 주니 피부색도 다르고 만난 적도 없지만 바로 따뜻한 친구가 되는 느낌을 받았다.

버스를 타고 호텔로 이동했다. 유난히도 길게 느껴졌던 하루가 지나갔다. 카트만두와 서울과는 시차가 3시간 15분이라 하는데 왜 15분 차이가 나는지 궁금했다. 대부분의 국가에서는 시차를 1시간 또는 30분 단위로 책정하는데 15분 단위의 시차는 이례적이다. 실제 위도상으로는 인도와 같은 시간대를 사용하는 것이 맞지만 과거 인도와 분쟁을 겪은 역사를 가진 네팔은 일부러 인도보다 빠르게 조정했다고 한다. 더 아픈 역사를 가진 우리나라는 왜 아직 일본과 같은 표준시를 사용하고 있을까 하는 생각에 잠겼다.

다음 날 4시에 기상하여 새벽의 어둠을 뚫고 트리부반 공항 국내선을 타는 장소로 이동했다. 에베레스트 트레킹의 출발점인 루크라로 가기 위해서다. 호텔에서 받은 도시락에서 사과와 빵, 음료를 꺼내 먹으며 출발을 기다렸다. 다른 지역으로 가는 비행기는 다들 출발하는데 루크라로 가는 비행기는 웬일인지 출발하지 않는다. 루크라에 많은 눈이 내리고 있어 출발할 수 없는 것이라고 가이드가 알려 준다. 이곳의 비행기 시간표는 전혀 의미가 없어 보였다.

사가르마타의 여신이 허락해야만 그곳에 갈 수 있다는 얘기를 들어 왔던 터다. 정말 그런가 보다. 카트만두 트리부반 공항의 날씨도 눈비가 섞여 내리고 있었다. 결국 출발하지 못했다. 루크라가 워낙 산속이라 오후엔 안개가 자주 끼어 비행기는 점심시간 전까지만 운행한다고 한다. 그래서 내일을 기약하며 공항에서 철수했다. 이곳은 잦은 기류 변화로 내일 비행기가 뜬다는 보장도 없다는 것이 더 큰 문제였다. 난감했지만 걱정을 해도 소용없는 일이었고 내가 할 수 있는 일도 없었다.

트리부반 공항

세상 일이 내 맘대로 되지 않는다는 것을
여기에 와서 또 경험한다.
이런 경우 마음을 바로 내려놓는 편이
훨씬 편하다는 것을 안다.
하지만 그 마음 내려놓기란 것이 늘 쉽지는 않다.

　트리부반 공항을 빠져나와 짐을 호텔에 다시 맡기고 우리나라
의 이태원 같은 곳인 타멜 거리를 포함하여 카트만두 시내 관광
에 나섰다. 처음 본 네팔은 내 예상과 달랐다. 평소 생각해 온 네
팔의 이미지가 아니었다. 네팔은 만년설에 뒤덮인 히말라야 산
자락에 위치해서 굉장히 추운 곳일 줄 알았지만 그다지 춥지 않
았다. 위도상 우리나라보다 아래에 위치해 있고 눈도 별로 오지
않는 지역이다. 또, 공해에 찌들지 않은 청정 지역일 줄 알았는
데 매연 천국이었다.
　몇 년 전 네팔 대지진 피해의 흔적도 여기저기 남아 있었다. 전
쟁 후 폐허 같은 느낌이 들었다. 이국적인 거리 사이사이로 벽에
금이 가고 기울어져 금방이라도 허물어질 것 같은 건물도 많았
다. 그래도 때 묻은 건물에 화려하게 새겨진 조각들을 보니 네팔
의 역사와 문화의 흔적이 느껴진다.

히말라야 등반의 거점도시인 만큼 등반용품을 파는 가게들이 눈에 띄었고, 등반배낭을 메고 있는 사람들도 많이 보였다. 또한 트레커를 위한 스파, 테라피, 안마 서비스 같은 전문 샵들도 즐비했다. 성수기인 10월에는 정말 사람이 많다고 한다. 내 눈에는 익숙하지 않은 새로운 거리를 걸어 보는 재미도 쏠쏠했지만 아주 가난한 나라라는 느낌을 지울 수는 없었다.

그런데 사람들은 저마다의 신들을 모시며 기도하는 삶을 살고 있어서인지 걱정스러운 내 마음과 달리 평온한 얼굴들이다. 여행의 묘미는 계획되지 않은 것에 있다고 했던가? 출발하지 못한 비행기 덕에 카트만두를 둘러볼 여유를 얻었다. 이때가 아니었다면 돌아오는 여정에도 시내를 둘러볼 시간은 없었으리라. 비행기가 이상 없이 나를 루크라로 데려다주기를 기도하며 잠들었다.

다음 날 새벽 다시 트리부반 공항으로 갔다. 어제는 루크라의 날씨가 문제였다면 오늘은 카트만두의 날씨가 문제였다. 짙은 안개로 한 치 앞이 보이지 않는다. 카트만두 공항은 안개로 인해 모든 항공기가 결항 상태다. 운이 너무 없는 거 아닌가! 기다리는 마음에 초조함과 불안함이 뒤섞이기 시작했다. 마음을 또 비우고 있어야 하나 아니면 간절히 원해야 하나, 정말 무념무상의 경지에 이르게 되었다.

거의 포기 상태로 있는데 갑자기 루크라행 비행기가 출발한다고 가이드가 큰 소리로 부른다. 카트만두의 하늘에는 안개가 걷히고 있었다. 그런데 하필 이 상황에서 화장실이 급하다. 화장실로 뛰어가니 네팔 여인들의 줄이 너무 길다. 비행기가 곧 출발한다는 안내방송이 나를 더욱 급하게 만든다. 발을 동동 굴렀다. 가이드가 사람이 없다고 알려 준 반대편의 화장실을 이용하려는데 여자 화장실은 고장이 났다. 정말 난감했다.

그런데 마침 옆 남자 화장실은 사람이 한 명도 없어 보였다. 난 잠시 망설였지만 다른 방도가 없었다. 이런 긴박감은 살면서 또 처음이다. 창피함과 안도감이 한꺼번에 밀려왔다. 비행기 타는 것은 싫어하지만 간절히 기다리던 비행기다. 아마 오늘도 타지 못한다면 히말라야 트레킹의 꿈은 접을 수밖에 없을 터였다.

루크라로 가는 비행기는 짐 검사가 엄격하다. 배낭과 카고백의 무게가 15킬로를 넘으면 안 된다. 짐 검사를 받고 활주로를 걸어 소형 비행기에 탑승했다. 루크라 공항은 '텐징-힐러리 공항'이라고도 부르며, 가파른 계곡 사이에 위치한 활주로가 500m 남짓에 불과해서 '죽음의 공항'이라고 불리기도 한다.

그 루크라 공항을 향해 18인승 프로펠라 비행기가 서서히 움직이기 시작했다. 소형 프로펠라 비행기의 소음이 얼마나 심한지

스튜어디스가 귀마개와 사탕 하나씩을 나눠 준다. 그 와중에도 스튜어디스에게 눈길이 갔다. 네팔에서 본 가장 아름다운 여인이었다.

카트만두에서 루크라까지는 40분 정도 소요되지만 그 시간은 마치 4시간보다 더 긴 느낌이었다. 프로펠러의 소음과 비행기의 무지막지한 흔들림이 심장의 박동과 앞서거니 뒤서거니 하는 통에 정신을 차리기 어려웠고, 비행기의 비행 고도가 산보다 낮아 금방이라도 계곡에 닿을 것 같아 무서웠다. 하지만 두려움 속에서 바라본 풍광은 초자연적인 화가의 캔버스처럼 비현실적이었다.

나도 모르게 무사히 착륙하기를 간절히 빌었다. 왜 이리 기도를 많이 해야 하는지 네팔에 온 이후 쉬운 일이 하나도 없다. 착륙하기 직전에는 거의 비명을 지를 뻔했다. 계곡 사이를 절묘하게 들어가 활주로에 거의 박을 것 같은 느낌으로 착륙한다. 꼴찌로 달리다가 마지막 코너에서 다른 선수들의 날카로운 스케이트 날 사이로 파고들며 금메달을 거머쥐는 쇼트트랙 선수의 기분이 이런 것일까? 전율과 흥분이 느껴졌다.

드디어 사가르마타 여신이 품속에
우리를 받아 주신 것 같아 안심이 되었다.
이런 상황조차 인간의 뜻이 아닌 신의 뜻이라니?
사실 조금만 생각해 보면 인간이 하고 있고
또, 할 수 있는 일은 그리 많지 않다.
늘 감사하며 살아야 할 터이다.

죽음의 공항 루크라 공항

새벽부터 기다리고 힘들게 타고 온 터라 걷기도 전에 다리의 힘이 풀린다. 그래도 마음만은 미지의 세계에 온 흥분을 감출 수가 없다. 숨이 멎을 것 같은 풍경에 말문이 막혔다. 2,840m에 위치한 루크라에서는 폐로 스며드는 공기부터 다르게 느껴졌다.

쿰부 히말라야에 들어섰음을 진짜 실감나게 느끼기 시작했다. 하얀 설산들이 눈앞에 병풍처럼 펼쳐져 있었다. 너무 아름다워 손가락으로 산을 가리키며 '저 산 이름이 무엇이냐?'고 현지 가이드에게 물어보았다. 이름이 없다는 답변이 돌아왔다. 이곳에서는 5,000m 정도 되는 산이 너무 많아 이름을 지을 수도 없다고 한다. 우리나라의 제일 높은 산인 백두산은 2,700m, 한라산은 1,950m에 불과해도 제각기 멋진 이름을 가지고 있음을 떠올리며 생각에 잠시 잠겼다. 아무래도 인간은 부족함을 감추기 위해 의미를 부여하는 모양이다. 이름을 붙이고 부르며 의미를 부여하는 행위들이 결핍을 감추기 위해 포장하려는 일은 아닐까? 이름이 없으면 어떻고 세계 최고봉이 아니면 어떤가? 세계에서 몇 번째 가는 그 무엇이 아니면 어떤가?

지금 이 자리에서 이 모습만으로도
충분히 조화롭고 아름다운 것을….

출발지인 루크라 롯지에서 다시 짐 정리를 시작했다. 이 롯지는 하산해서 루크라의 마지막 날에 묵을 숙소라고 한다. 앞으로의 여정 동안 내가 잠잘 때 이용할 침낭도 전달받고, 따뜻한 차와 점심을 먹었다. 루크라에서 처음 먹은 점심은 비빔밥이었는데 네팔 현지 주방장이 만들어 주는 네팔식 한식이었다. 맛이 있는지 없는지도 분간하기 힘들었지만 앞으로의 힘든 여정을 생각하며 최대한 많이 먹었다. 지반이라는 네팔인 가이드가 체조를 하자고 한다. 간단히 할 줄 알았는데 체계적으로 시킨다. 너무 추워서 하고 싶지 않았지만 할 수 없이 따라 했다. 체조 후에 첫날 목적지인 팍딩을 향해 출발했다.

전 세계 7,000m 이상의 산은 모두 히말라야에 있고, 8,000m 이상 14좌는 네팔에 8좌 파키스탄에 5좌 중국에 1좌가 위치한다고 한다. 최고봉인 에베레스트는 티베트에서는 세계의 모신이란 뜻으로 '초모룽마'라고 하고 네팔에서는 눈의 여신이란 뜻으로 '사가르마타'라고 부른다. 높은 고도에도 불구하고 이곳의 봄은 따뜻하여 네팔의 국화인 랄리구라스가 만발하고 설산과 함께 멋진 그림을 이룬다고 한다. 9월에서 11월까지의 가을은 하늘이 맑고 일교차도 적어 트레킹하기 좋다고 한다.

내가 온 이 겨울은 이른 아침에 안개가 끼고 밤이 되면 굉장히 춥지만, 한낮에는 트레킹하기 괜찮은 날씨가 된다. 해발 4,000m 이상 지역에서 바람이 불게 되면 매우 견디기 힘들어진다고 한다. 반면 겨울은 하늘이 더욱 파랗고 눈이 많이 내려 하얀 설산의 아름다움을 만끽할 수 있다고 한다.

모든 조건이 다 좋을 수는 없다.
추운 계절에 찾아왔다면
추위를 감수하며 설산의 아름다움을 즐기고
따뜻한 봄에 찾아왔다면
꽃들의 향기에 취해 보는 거다.

계절마다 주는 아름다움이 다르니 아름답지 않은 계절이 없다. 나도 요즈음 모든 계절이 다 좋아진다. 언젠가 다시 이곳을 온다면 랄리구라스가 만발한 봄이 될 것 같다.

낯선 여정을 이끌어 준 산의 작은 신들

"나마스테~" 네팔에 와서 가장 많이 들은 말이다. 귀국 후에도 한동안 나마스테가 입에 붙어 있었다.

우리의 히말라야 트레킹을 안내하는 현지 인솔 책임자는 지반이라는 사람이다. 한국말을 아주 잘한다. 우리나라에서 일한 경험이 있다고 하는데 언어 감각이 뛰어난 사람 같았다. 지반은 산악인 엄홍길 대장이 히말라야 14좌를 등정할 때, 그리고 산악인 오은선 대장이 등정할 때도 보조 세르파였다고 내게 자랑같이 이야기하였다. 단순한 자랑이 아니고 한국에 대한 친밀함의 표현이었음을 나는 안다.

그는 에베레스트를 여러 차례 등정한 세르파라 한다. 키는 작지만 다부져 보이면서도 믿음직스럽게 일을 잘 처리하는 현지

스태프들의 대장이다. 친절하고 카리스마가 있으며 자신이 하는 일에 대한 책임감과 성실함이 몸에 배어 있었다. 지반 외에도 빈들레, 비네, 리마가 우리의 가는 길에 동행이 되어 주었다.

그들은 이른 새벽에 롯지의 방문을 두드리며
'나마스테'라고 인사하며 나의 아침을 깨워 준다.
웃음 가득한 얼굴과 함께 따라 주는 뜨거운 차 한 잔이
밤새 추웠던 나에게 따뜻한 온기를 전해 준다.
전화기가 없는 이곳에서는 이들의 아침 인사가 모닝콜이었다.

22살의 비네는 왜소한 체격이었지만 귀엽게 웃는 얼굴이 참 좋았던 친구다. 아직 어린 학생 같은데 주방장 일을 겸하는 보조 가이드였다. 함께 트레킹을 하다가 어느 날 하루는 비네가 안 보여서 물어보았다. 그날은 주방장이 장염이 걸려서 비네가 대신 요리를 했다는 것이다. 점심 식사로 비빔국수가 나왔는데 비네의 작품이었다. 내가 맛이 너무 좋았다고 엄지 척을 해 주니 아주 좋아했다.

처음엔 이름을 지네로 알아듣고 며칠을 계속 지네라고 불렀다. 어느 날 "선생님~ 제 이름은 비네예요." 하는 것이 아닌가. 한국

말을 잘 알아들으면서 왜 지금에야 이야기하는 것인지 무척이나 미안했다.

리마는 32살로 아주 무뚝뚝한 청년이다. 처음에는 가깝게 다가서지 못하는 그의 태도가 불량해 보여 늘 웃는 얼굴의 비네와 비교가 되었다. 하지만 나의 편견이었다. 한국말이 서툴렀던 것이 무뚝뚝함의 이유였다. 리마야말로 등반 전문가였다. 에베레스트 정상 정복도 여러 차례 한 친구였다. 표정은 없었지만 언제나 도

현지 인솔 가이드 지반

움이 필요할 때 소리 없이 와서 옆에 서 있곤 했다.

좁교의 눈처럼 착한 눈을 가진 빈들레는 가장 많은 대화를 나눈 친구다. 그는 자신의 별명을 민들레라고 하였다. 노란 민들레만큼이나 순수한 청년이었다. 한국말을 배우려고 노력하는 친구였다. 일행 중 한 분이 곰 세 마리 노래를 알려 주니까 계속 틀리면서도 따라 부르고 있었다. 지루한 하산 길을 웃게 만들었다.

빈들레는 부모님이 모두 일찍 돌아가셔서 동생 3명을 챙기고 있는 친구였다. 남동생과 여동생 하나는 카트만두에서 지내고 나머지 여동생은 고향 집에 혼자 남아 있다고 한다. 이 가이드 일을 하며 동생들을 보살피고 있다니 기특했다. 빈들레가 하는 말이 그래도 이곳에서 이 일을 하는 사람들은 수입이 좋은 편이라고 한다. 이 멀고 험한 길을 무거운 짐을 지고 걸어 다니는데 말이다.

문득 빈들레가 신은 신발이 마음에 걸렸다. 이 험한 길을 다 닳은 운동화를 신고 다니는 것이었다. 최소한 등산화는 아니어도 트레킹화는 신어야지. 빙판길을 지날 때면 넘어질 듯 아슬아슬함마저 주었다. 내 아들과 같은 나이라 마음이 더 아팠다. 이 친구는 얼마나 많은 시간을 이렇게 힘들고 어려운 길을 다녔을까? 하지만 늘 웃는 얼굴이다. 노래를 온전히 외우지 못해서 나도 계속 알려 주었다. 지금쯤 다 외웠는지 궁금하다.

  나의 이번 여정에 만난 가이드들.
  짧은 기간이었지만 히말라야의
  풍경만큼이나 그리움으로 남는다.

  1953년 에드먼드 힐러리가 에베레스트를 처음으로 오를 때 텐징 노르가이라는 셰르파족 사람이 함께 올랐다. 이들의 이름이 함께 전 세계에 알려짐으로써 셰르파가 등반 가이드의 대명사처럼 되었다. 셰르파족의 텐징이 에베레스트를 등정한 이후에 등반 안내를 하는 사람을 '셰르파'라고 한다. 원래 셰르파족은 약 500년 전 티베트에서 네팔의 산악지대로 이주한 종족이다. 고산지대에서 태어나서 살다 보니 고소적응 능력이 뛰어난 민족이며, 그 수는 네팔 총인구의 1프로도 안 된다고 한다. 그래서 요즘은 히말라야 원정대의 짐을 들어 주는 일을 셰르파족인 아닌 다른 종족이 하는 경우가 더 많다고 한다. 그래서 셰르파가 아닌 가이드라고 부르는 사람도 많다.
  가이드의 대장인 지반은 눈이 깊고 쌍꺼풀도 있는 생김새로 보아 인도 계통의 민족 같다. 그리고 나의 동행이 되어 준 빈들레는 셰르파족 같다. 셰르파족은 티베트에서 넘어와서인지 우리와도 비슷하게 생겨 친근감이 느껴진다. 직접 물어보진 못했지만 했다면 가장 어리석은 질문이었을 터였다. 셰르파족인지, 인도족인지, 중국 어느 소수민족인지, 그리고 내가 무슨 민족인지. 구분 짓고 구별하여 차이를 논하는 것이 무슨 의미가 있을까?

지금 이 가이드들은 낯선 나의 여정을 안전하게 이끌어 줄,
나에게 조금의 악의도 없이 선의로만 가득해야만 하는,
내가 전적으로 믿고 의지해야 할 이 산의 작은 신들인 것을.

에베레스트 트레킹의 시작은 네팔의 국민 영웅인 파쌍 라무를 기념하는 문에서부터 출발한다. 네팔 여성 최초로 에베레스트를 등정했고, 나중에 다시 몇 번의 등정을 하던 중 조난을 당했지만 다른 셰르파들을 구하고 자신을 희생한 영웅적 여성이라고 한다.

팍딩을 향해 가는 길의 시작은 내 예상과는 다르게 오르막이 아니고 내리막이다. 산행의 시작이 올라가는 것이 아니라 내려가는 것이라니 우리나라 산과는 다른 반전이다. 팍딩(2,610m)은 루클라(2,840m)보다 해발고도가 200m나 아래에 있다. 걷다 보니 히말라야의 높은 봉우리들이 엄청난 카리스마를 내뿜으며 조

팍딩으로 가는 길

에베레스트 트레킹 시작의 관문

금씩 그 자태를 보여 준다. 내가 어디에 와 있는지 알 수가 없다. 혼돈이 오기 시작했다. 꿈속에서도 상상할 수 없었던 풍광이다.

돌에 낯선 글자가 새겨진 마니석과 원통같이 생겨 돌릴 수 있는 크고 작은 마니차를 자주 보게 된다. 모두 불교 경전을 새겨놓은 것이다. 히말라야의 사람들은 이 앞을 지날 때마다 불경을 외우고 행복을 빈다. 내가 만난 마을마다 마니차가 돌고 있었다. 히말라야를 넘어온 티베트인들의 염원은 무엇이었을까?

마니석 앞에서 소망을 빌다

척박한 환경 때문에 더 나은 터전을 찾아 먼 길을 떠나온 것은 아닌지. 혹은 억압을 피해 자유를 찾아 산을 넘을 수밖에 없었던 것은 아닌지. 이 새로운 터전에 절망하지는 않았을지. 이렇게 높고 험준한 산맥을 어떻게 넘어왔는지 가늠조차 되지 않는다. 이렇게 척박한 환경에서 살아가기는 또 얼마나 힘들었을까? 살기 힘든 이곳에서 견디고 살아 내려면 모든 자연이 신이라고 믿을 수밖에 없지 않았을까. 이곳에 와 보니 인간의 힘으로 이루어지는 것은 없어 보였다.

더 많은 것을 가지지 못해서
더 높은 권력과 지위를 누리지 못해서
괴로워하는 우리의 모습과는 너무나도 다른 곳.
편안한 잠자리와 따뜻한 밤이 더 간절한 이곳.
내가 속한 세계와는 동떨어진 세계다.

길을 걷다 마니석을 만나면 왼쪽으로 지나가야 하고 마니차를 돌릴 때는 시계 방향으로 돌린다고 한다. 마니석과 마니차 외에도 룽다, 타르초, 스투파를 많이 볼 수 있는데 모두 티베트 불교의 영향이다. 마을마다 스투파가 서 있고 타르초에 불경이 쓰여 있다.

초록색은 바람, 노란색은 흙, 빨강색은 불, 흰색은 구름, 파랑색은 하늘을 나타내며 모두 자연을 상징한다. 타르초는 지붕보다 높은 곳에 매달아 놓는데 재앙을 막고 집안에 행복이 찾아온다고 믿는다. 또한, 깃발이 바람에 날리면 세상에 불경이 퍼져 평화가 찾아온다고 믿는다. 자신들의 종교와 문화를 목숨처럼 지켜 가는 그들의 삶이 그대로 느껴진다. 이들에게 있어서 에베레스트 가는 길은 기도의 길이요, 한 걸음 한 걸음이 삶의 길이다. 길이 곧 삶이요, 삶이 곧 길인 것이다.

한 번 돌리면 경전을 한 번 읽는 효과가 있다는 마니차를 만나면 나도 무사한 여행을 기원하는 마음과 소망을 담아 눈에 띄는 대로 돌려 보았다. 남편을 위해 돌리기도 하고 아들을 위해 돌리기도 했다.

생각해 보니 지금껏 해 온 가족을 위한 나의 염원은 결국 나를 위한 것이었다. 남편이 직장에서 승승장구하기를 바랐던 마음, 아들이 좋은 대학에 합격하기를 바랐던 마음 모두 결국 남편의 것도 아들의 것도 아닌 나를 위한 바람이었던 것이다. 내 욕심이었던 것이다.

춥고 힘들어도 마니차를 만나면 돌리고 또 돌렸다.

하지만 이제는 그저 건강하기를.

건강한 마음으로 기쁘게 살아가기를 빌었다.

고산증을 예방하기 위해 따뜻한 수분의 섭취가 필수다. 물도 마실 겸 타르초 깃발이 날리는 찻집에서 차를 한 잔 마셨다.

걷는 길 계곡 맞은편에는 언제 일어난 것인지는 알 수 없는 큰 규모의 산사태 흔적을 볼 수 있었다. 이곳에서는 산사태, 눈사태, 눈 폭풍이 예기치 않게 일어난다고 한다. 트레킹 길이 안전하기를 바라는 마음으로 또 마니차를 돌린다. 나도 어느새 셰르파족이 되어 가는 느낌이다.

처음으로 출렁다리를 만났다. 계곡 물이 에메랄드빛으로 맑고 투명하다. 이런 다리를 몇 개쯤 건너야 사가르마타 여신을 볼 수 있을지 모르겠다. 이렇게 자연과 종교, 동물, 인간이 자연스럽게 어우러져 있는 길을 4시간여 걸어서 작고 아름다운 팍딩 마을에 도착했다. 산속이라 벌써 어둠이 일찍 내리고 있었다. 팍딩 마을의 롯지는 가장 시설이 좋은 편이라고 한다. 그러나 모든 것이 생소하고 불편하다. 해발고도가 낮은 편이라 견딜 만한 기온이라고는 하지만 밤이 되니 추위가 엄습해 왔다.

다음 날은 팍딩(2,610m)을 출발하여 남체(3,440m)라는 가장 큰 마을로 향했다. 셰르파족들은 산마다 신이 깃들어 있다고 믿고 꽃, 나무, 모든 자연을 중요하게 생각한다. 그렇기에 이 길도 신의 길이나 마찬가지다. 트레킹을 시작하자마자 골짜기에 강이 보였다. 이 강도 신이다. 이름은 두드코시강. 건기임에도 히말라야의 만년설이 녹아내려 물살이 힘차다.

이곳에 놓인 다리를 건너려 하는데 다리 위에서도 그들은 기도를 올린다. 물은 모든 생명이 살아가는 신성한 것이므로 물에게도 감사하는 마음을 전한다. 다리에도 수많은 오색 천들이 걸려 있는데 카타라고 한다. 카타는 정화의 의미라고 한다. 나의 고소공포증은 다리 위에서 더 심해진다. 가이드들의 도움을 받아 다리를 건너면서 이번 여정의 안전을 또 빌어 본다.

금불상 뜻하는 탐세르쿠(6,608m)와 눈부신 자태를 뽐내는 콩데(6,086m)가 보이기 시작하며 걷는 것이 조금씩 힘들어지기 시작했다. 이번 트레킹 길에서 힘들기로 손꼽히는 길인데, 600m의 능선을 올라야 한다. 고도 3,000m 이상인 지점으로 올라가야 하니 산소 부족 때문에 숨쉬기가 힘들어지기 시작했다. 두 시간 이상 쉬지 않고 올라야 했다.

짐을 나르는 현지인 포터들도 곳곳에서 쉬는 모습을 볼 수 있

두드코시강의 구름다리

었다. 그들이 짊어진 짐의 무게는 사람 몸무게를 훌쩍 넘어선다. 쌀 한 가마니는 족히 넘어 보이는 짐을 진 사람이 내 옆을 지나 간다. 그가 흘린 땀내가 코끝을 자극한다. 같은 길을 걷는데 나 는 트레킹을 위해 그는 생계를 위해 걷고 있다. 미안한 마음이 든다. 이 산에서 우리가 먹는 식품과 쓰는 생필품들 모두 너무나 고마운 것들이다. 가장 무거운 짐을 좁교와 포터에게 맡긴 내가 그들 앞에서 힘들다는 말을 하는 것은 염치가 없는 일이다. 아무 리 견디기 어려워도 그런 말은 입 밖에 내지 말자고 다짐했다.

짐을 나르는 현지인

히말라야에서 가장 슬픈 동물, 좁교

루크라 공항에 내리자마자 짐을 운반하는 한 무리의 동물들을 만났다. 에베레스트로 가는 길에서 가장 많이 본 동물이다. 처음 보는 동물이라 신기했다. '좁교'라는 동물로 고지대에 사는 야크 수컷과 저지대의 물소 암컷을 교배시킨 교잡종이다. 좁교를 얻기 위해 물소를 야크가 있는 해발 4,000m 이상 지점까지 데리고 와서 교배를 시킨다고 한다.

고산 지역에서 가장 많이 떠올리는 동물은 야크이다. 야크는 우리나라의 소보다도 작은데 아마 덩치가 크면 에너지 소모가 많기 때문에 적당히 작은 체격을 유지하는 것은 아닐까 생각 된다. 그런데 이 야크가 해발 3,000m 아래로 내려오면 맥을 못 춘다고 한다. 높은 히말라야 고도에 적응이 되어 있어 저지대로 내려와서는 적응을 못한다는 것이다. 또한, 온몸을 뒤덮은 두꺼운 털 때문에 저지대의 더위에 견디기가 힘들 것이다. 심폐기능도 고지대에 맞게 적응되어 있는 동물이다.

히말라야에 사람들의 발길이 많아지면서 등반을 위해서 그리고, 생필품 조달을 위해서 이 동물의 도움에 의지하게 되었다. 고지대에서는 야크에 의존하지만 고도 3,400m 정도인 남체 마을까지는 야크가 내려오는 일은 거의 없다고 한다. 그래서 그 아래 지역은 좁교라는 동물을 이용하게 된다. 힘도 세고 털은 야크보다 짧아 더위에도 잘 견딘다고 한다. 안타깝게도 노새처럼 생식 능력이 없고 평생 짐 나르는 일을 하다 생을 마감한다. 히말라야에서 가장 슬픈 동물이다. 하지만 이 지역에서는 없어서는 안 될 귀한 존재이다. 우리의 여정을 따라 나의 짐도 늘 좁교가 운반해 주었다. 점점 더 힘들어지는 길 위로 나의 짐을 싣고 가는 좁교의 순진한 눈을 보면 와락 눈물이라도 쏟아질 것 같다.

혼자 몸도 가누기 힘든 가파른 산길을
무거운 카고 백을 지고 가는 좁교.
새삼 인간이 동물의 도움을 많이 받으며
살고 있다는 생각이 들었다.

히말라야의 가장 슬픈 동물, 좁교

인간의 곁에서 노동력을 제공하고, 각종 영양을 공급해 주며, 죽어서는 그들의 가죽과 털로 추위를 막아 인간의 생존을 도와주는 수많은 동물들. 때로는 좁교처럼 인간의 필요에 의해 혹은 호기심을 위해 교배당하고 개조당하는 동물들. 인간의 지적 우월함이 007의 살인면허처럼 동물을 맘대로 해도 되는 특권은 아닐 텐데, 너무 가벼운 마음으로 이용하고 변형시키는 것은 아닌지?

게다가, 저들은 지구와 세계 평화를 위협하는 악당도 아닌데 말이다. 언젠가는 조지 오웰의 동물농장처럼 동물들의 반란으로 인간이 쫓겨날지도 모를 일이다. 지구라는 물리적 공간과 21세기라는 시간적 공간에 함께 존재한다는 것은 이 장소와 이 시간에서 서로 돕고 살아가라는 조물주의 뜻은 아닐까 생각해 본다.

이 길에선 왠지 바람과 들꽃, 구르는 돌멩이 하나
그리고 나의 무거운 짐을 대신 짊어진 좁교와
오가는 모든 동물들이 예사로워 보이지 않는다.
모두 나와 같아 보이는가 하면,
모두 자연의 신들 같아 보이기도 한다.

이곳에서 좁교, 야크 외에도 나귀, 말, 염소, 산양을 만났고 단페라는 네팔 국조도 만났고 개들도 유난히 많이 만났다. 이곳의 개들은 좁교와 달리 아주 자유로운 영혼이다. 에베레스트로 가는 길을 따라오기도 하고 스스럼없이 사람에게 다가서기도 한다.

한번은 개 한 마리가 롯지의 난롯가에 자기도 사람인 듯 앉아 있는 것이다. 알고 보니 그 전날 묵은 숙소에서부터 우리를 따라온 개였다. 험한 고갯길과 눈길을 따라 우리와 같이 트레킹을 해서 이곳까지 온 것이 신기했다. 덩치는 큰 개였지만 히말라야의 순수함을 닮은 착한 눈동자를 가지고 있었다. 오히려 인간인 내가 경계의 눈빛을 보낸 것이 미안해진다. 집에서 눈이 빠지게 나를 기다릴 우리 집 강아지 사랑이가 갑자기 보고 싶어졌다.

많은 짐을 싣고 오는 좁교 같은 동물을 만날 때면 산 쪽으로 사람이 비켜 주는 것이 이곳의 규칙이다. 트레킹족들의 짐이나 마을로 식료품과 생필품 배달하는 짐꾼들을 만날 때도 먼저 비켜 주어야 한다. 짐을 지고 가는 사람과 동물이 먼저다. 저 짐이 없으면 나는 이곳 에베레스트에서 얼어 죽거나 굶어 죽을 것이 분명하다. 러시아 원정 길에 나섰다가 배고픔과 추위에 처참히 패배했던 나폴레옹과 지금의 나는 별반 다르지 않다.

혼자 걷기도 힘든 길을 자기 몸무게보다 더 무거운 짐을 싣고 걷는 이곳 히말라야의 사람을 마주할 때마다 걸음을 멈추고 비켜서서 미안한 마음과 감사의 마음을 보낸다. 나는 지금 좁교와 가이드와 짐꾼들에게 목숨을 빚지고 있다. 무거운 짐을 지고 힘든 길을 걷는 저들의 삶은 얼마나 고단할까. 저들의 삶의 무게는 얼마나 되는 것일까.

나의 기준과 잣대로 저들의 수고와 삶의 무게를 논하는 건방진 생각은 그만두기로 했다. 목숨을 의지한 환자가 의사에게 품을 생각은 아니다. 오지랖을 넘어 오만이요 편견이다. 더욱이 에베레스트의 모든 신에게 감사하며 사는 저들과 사소한 결핍에도 못 견뎌 했던 나는 애초에 짊어질 수 있는 무게가 다른, 삶의 체급이 다른 사람일지 모른다. 물론 나는 혼자 짊어지지도 혼자 걷지도 않는다. 혼자선 빠르겠지만 안전하진 않다. 이인삼각 달리기처럼 주위의 누군가와 손을 잡고 호흡을 맞춰 짐을 나누고 같이 걸을 것이다.

지금은 좁교와 가이드와 아름다운 자연이 내 곁에 있다.
내가 힘들 때마다 나의 몸과 마음을 가볍게 한다.

나의 길에 동행이 되어 준 좁교

히말라야의 개

사람도 자연도 시간도 멈춘 히말라야의 밤에

히말라야의 밤은 유난히 빨리 온다. 해가 뜨면 트레킹을 시작해서 해가 지기 전에 롯지에 도착해야 한다. 해가 지고 나면 매우 추워지고 가뜩이나 험한 길이 보이지 않기 때문이다. 이곳에 오기 전에는 롯지라는 곳이 어떤 곳일지 매우 궁금했다. 설악산이나 지리산 종주 경험이 없는 나로서는 막연히 대피소 정도로 생각했다.

롯지에는 식사를 할 수 있는 다이닝 룸이라는 일종의 큰 거실이 있고, 각자 잠을 잘 수 있는 방들이 있다. 롯지는 상상 이상으로 열악했다. 그리고, 첫날 묵었던 팍딩의 롯지가 가장 훌륭한 곳이었다는 것을 나중에야 알았다. 고지대로 올라갈수록 롯지는 더욱 열악하다.

쉼 없이 걸어야 하는 낮보다 밤이 더 힘들었다. 저녁 식사를 마치면 롯지 투숙객들이 난롯가로 모여든다. 다이닝 룸의 난로는 나무나 야크 똥으로 불을 지피는데 열기가 금방 식었다. 돈을 내고 나무를 사야만 불을 더 지필 수 있다. 야크 똥 냄새가 머리를 지끈거리게 하지만 난로의 마지막 불씨가 꺼지고 미지근해진 난롯가를 쉽게 떠나지 못한다. 그래도 8시가 되면 어김없이 각자의 방으로 가야 한다. 이 다이닝 룸에서 우리와 함께 움직이는 가이드와 스태프들이 자야 하기 때문이다.

다이닝 룸에서 돌아와 밤을 지내야 할 방은 엄청나게 춥다. 난방을 안 하고 또 못하기 때문이다. 너무 추워 빨리 침낭 안으로 들어가고 싶어진다. 하지만, 이대로 잠을 잘 수는 없는 노릇이다. 겹겹이 잔뜩 발라 놓은 선크림은 지워야 한다. 설산에 반사된 태양이 무서워 패왕별희의 장국영처럼 분장한 탓이다. 이걸 안 지운다면 내일 아침 나는 내 얼굴을 알아보지 못할지도 모른다. 세수할 물은 당연히 없고 그래서 준비해 온 코인 티슈 몇 장으로 얼굴만 겨우 닦는다. 모르긴 몰라도 고양이도 이보단 깨끗이 씻을 것이다. 가장 두꺼운 옷을 입고 다이닝 룸에서 챙겨 온 따뜻한 물주머니 하나를 꼭 껴안고 침낭 속으로 들어간다.

히말라야의 바람은 참 신기하다. 낮에는 따뜻한 햇살에 물러났다가 밤만 되면 참았던 성질을 폭발시킨다. 대부분의 롯지들이 계곡에 자리 잡고 있어서 밤이면 능선 따라 바람이 타고 넘어온다. 뼛속까지 시리다는 것을 밖이 아닌 방 안에서 경험해 본다. 창문이 있어도 창문 틈으로 들어오는 바람이 더 시린 것은 만고의 진리던가?

가끔은 바람이 어서 오라고 부르는 소리처럼 들리기도 하고,
어디 감히 오르려 하냐며 꾸짖는 소리처럼 들리기도 한다.

추위에 떨며 노숙하고 있는 좁교들의 방울 소리가 구세군의 종소리처럼 밤새 딸랑거린다. 개들끼리 대화인지 싸움인지 밤새 짖어 대는 통에 잠을 잘 수 없는 날도 있었다. 방에 들어오면 달리 할 일이 없다. 읽으려고 가지고 온 책은 무거운 돌덩이가 되어 후회만 남긴다. 방의 전기는 너무 침침했고 책 읽을 에너지도 남아 있지 않았다.

침낭 안에서의 밤은 유난히 길다. 하루 종일 걸은 탓에 손가락 하나 까딱하기 싫을 정도로 피곤하지만 잠은 오질 않는다. 새벽은 아직 멀고, 내 귀엔 나의 거친 숨소리만 들리고, 그 숨소리에 내가 깬다. 해발고도가 5,000m 정도인 로부제와 고락셉의 롯지

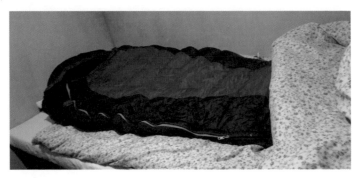
롯지의 방

에서는 잠을 자며 가슴이 답답하고 막히는 증세가 왔다. 마치 무호흡증처럼 호흡이 거칠어졌다. 겨우 잠이 들었으나 한 시간 간격으로 깨는 특별한 경험을 했다.

내가 히말라야에 간다고 하니 한 친구가 "돈 주면서 가라고 해도 안 간다."고 했었다. "편하고 멋지고 맛있는 음식이 가득한 좋은 여행지도 많은데 왜 고생하러 가냐?"고. 그 말이 틀린 말은 아니었다. 그런데 난 왜 여기 와서 이 고생을 하고 있는 걸까? 그냥 오고 싶었다. 가기로 마음먹고 나니 신념이 되어 가지 않으면 안 될 것 같았다. 오지 않았다면 평생 그리워하고 후회하였을 것이다.

고백의 편지가 운명의 장난으로 전해지지 못해
평생 아련했다는 어떤 첫사랑처럼.
세월이 흘러 만나기로 약속한
어떤 재회의 떨리는 순간처럼.

히말라야에서는 낮에도 밤에도 오롯이 내게 집중하는 시간을
많이 가질 수 있었다. 난 언제나 빨리하는 것이 최선이고 정답이
라고 여기고 살았다. 빨리해야 남보다 나을 수 있다고 생각했다.
바쁜 일상 속에 살다 보니 천천히 하는 법을 몰랐다. 아니, 항상
그대로인 일상인데 그 일상을 독촉하고 괴롭힌 건 나였는지도
모른다. 늘 일찍 일어나야 하고, 제일 먼저 이 일을 해야 하고,
그다음엔 저 일을 해야 했다. 그러면서 내일의 일도, 다음 주의
일도 순서를 정하고, 어떻게 하면 빨리 해치울 수 있을지 고민했
다. 그렇게 하는 것이 인생을 낭비하지 않고 열심히 사는 것이라
여겼다.
　지금 생각해 보면 그중엔 굳이 하지 않아도 될 일도 있었고, 무
리해서 하다가 분란만 초래한 일도 있었다. 내 몫이 아닌 일로
수근거림을 들은 적도 있었고, 서두르지 않고 천천히 했더라면
피할 수 있었던 실수도 있었다. 서두르다 오히려 남보다 늦어진

경우도 있었다.

왜 그렇게 팍팍하고 바쁘게만 살았던 걸까?
꼭 해야 할 일이었다면 그때가 아니어도
언젠간 꼭 하게 되지 않았을까?

문득 아들이 한창 사춘기를 지날 때 했던 말이 생각나서 피식
웃음이 났다. "너는 왜 오늘 해야 할 일을 자꾸 내일로 미루냐?"
는 나의 핀잔에 "엄마! 왜 내일 해도 되는 일을 꼭 오늘 하라고만
해? 나는 지금 아무것도 안 하고 쉬고 싶단 말이야!" 그때의 아
들 말이 맞다는 생각이 들었다.

이곳의 밤은 정말 아무것도 할 수 없고 더 천천히 흘러가고 있
었다. 사람도 자연도 시간도 멈춘 느낌이다. 이유 없는 막연한
그리움에 가슴이 먹먹해진다. 롯지의 방 안에서 보이는 하얀 설
산은 어둠 속에서도 눈부셨다. 유리창엔 베이면 피가 날 듯 눈꽃
이 피고, 히말라야의 밤은 낮이 오지 않을 듯 하얗기만 했다.

롯지에서 맞이한 새벽

콩데가 점점 더 가까워지고, 오늘 목적지인 남체 바자르 (3,440m)에 도착했다. 히말라야 산자락에 아담하게 자리한 마을 이었다. 셰르파족의 고향이라고 한다. 마을 입구에는 악귀의 출입을 막기 위해 만다라와 부처님이 그려져 있고, 마을의 중심가에는 기념품 가게들이 즐비하다. 그러나 생각보다 마을이 크지 않았고 비수기라서 아주 조용했다. 성수기 때는 수많은 트레커들로, 장이 서는 날에는 물건을 사고팔기 위해 3, 5, 7일씩 걸어온 셰르파족들로 매우 붐빈다고 한다. 어느새 콩데는 석양을 받아 반짝이다 어둠 속으로 빨려들어 가고 있었다.

팍딩에서부터 여기 남체까지 오기 위해서는 고도 800m 이상을 올라야 하고, 11㎞ 남짓의 거리를 7시간 동안 걸어야 했다. 하얀

콩데와 새벽 별

　설산인 콩데가 마당 가득 보이는 롯지는 초라하고 추웠지만, 이
제 정말 히말라야의 품속으로 들어왔다는 느낌이 들었다. 에베
레스트 트레킹은 이곳 남체에서 본격적으로 시작된다.

　남체부터 주위 풍광은 더없이 아름다워진다. 특히 콩데는 낮보
다 밤이 훨씬 아름다웠으며 어둠 속에서 더 멋진 자태를 뽐내고
있었다. 새벽 일찍 롯지 밖으로 나가니 콩데 위로 별들이 새벽하
늘을 가득 채우고 있었다. 언제부터인가 별을 잊고 살았다. 밤

하늘을 잊고 살았다. 서울 하늘 아래서 별을 본 적이 언제였는지 가물가물하다. 내가 잊은 것은 별뿐일까?

눈앞에 이런 아름다운 설산이 펼쳐져 있는 것도
꿈인 듯, 내가 본 새벽 별도 꿈인 듯했다.
꿈은 유난히도 반짝였고, 그 꿈은 가슴을 뛰게 했다.

이곳에서부터 급격히 고도가 높아지기 시작하기 때문에 고소 증이 오기 쉽다고 한다. 심한 경우에는 남체에서 트레킹을 포기 하는 경우도 있다고 한다. 다행히 아직까지는 제대로 씻을 수 없 는 불편함 외에는 두통이나 다른 고소증세는 나타나지 않았다. 하지만 평소 목이 안 좋았던 나는 인후염 증상으로 목에 이상이 느껴지기 시작했다. 일행 중에는 벌써 컨디션 난조를 보이며 아 픈 사람들이 나타나기 시작했다.

갈 길이 멀기에 감기에 걸리지 않게 조심하면서 천천히 걸어왔 다. 온 마음을 다해 신경 쓰고 노력해도 사람의 힘으로 안 되는 일은 있나 보다. 이곳에 오기 전에 이비인후과 병원에서 미리 지 어 온 약을 먹어 가며 최대한 내 몸을 아끼려고 했다. 나 스스로 지켜 내지 못하면 다른 사람에게 큰 피해를 주게 된다. 인후염이

악화되지 않게 하려고 물도 자주 마셔 본다.

고소 적응을 위해 남체에서 하루 더 머물렀다. 3,880m에 위치한 에베레스트 뷰 호텔까지 올라갔다가 다시 남체로 하산하면 이 고도에서 고소 적응이 된다고 한다. 날은 유난히도 맑았고 아침 햇살에 콩데는 눈부시게 빛났다.

남체 바자르를 벗어나 440m 정도 올라가 3,880m에 위치한 에베레스트 뷰 호텔로 향하는 길은 의외로 가파르다. 에베레스트 뷰 호텔은 일본과 네팔의 합작으로 세웠다고 한다. 주로 헬기를 타고 오는 일본 사람들이 숙박을 한다고 한다. 특히 이 호텔은 급격한 이동에 따른 고산병 예방을 위해 각 방에 산소를 공급하는 시설이 설치되어 있다고 한다.

오르는 길에 남체 바자르를 내려다보니 오목한 분지 안에 사각형 집들이 계단식으로 층층이 앉아 있는 모습이다. 아래에서 위를 보며 올라왔는데 아래를 내려다보니 다른 모습이 보인다. 가끔은 아래도 보고, 뒤도 봐야겠다. 천천히 움직일 때는 괜찮지만 걸음을 조금만 빨리해도 어지럼증이 느껴진다. 숨을 깊게 마시고 호흡을 천천히 가다듬으며 쉬엄쉬엄 올랐다. 이곳에서는 절대 서두르거나 빨리 가려고 하면 안 된다. 바로 고산증이 올 수 있기 때문이다.

에베레스트 길에 만난 제일 큰 마을, 남체

　절대 누구도 오를 수 없다는 신성한 산 쿰비율라(5,765m)가 오르는 길 왼쪽에서 우리를 지켜보고 있었다. 올라오는 길의 경사가 급해 힘이 들었지만, 세계 3대 미봉 중의 하나인 아마다블람과 저 멀리 구름에 가렸다 보이기를 반복하는 에베레스트가 앞쪽에서 우리를 맞이하고 있었다. 이곳까지 와서도 볼 수 없는 경우가 많다는데 행운이 아닐 수 없다.

　8,000m 이상의 고봉들이 바로 눈앞에 펼쳐져 있지만, 사실 이

산들은 40㎞ 이상 떨어져 있다. 눈앞에 있지만 그 크기와 거리는
가늠할 수 없다. 맑고 희박한 공기에 의한 착시라고 한다.

가까운 사람일수록 마음의 깊이와 거리를 헤아리지 못하듯
산에 가까이 다가갈수록 그 높이와 크기를 짐작하기 어렵고
오히려 더 장엄하여 범접하기 힘들다.
진정한 신의 영역인가 보다.

에베레스트 뷰 호텔에서 바라본 쿰부 히말라야 전경

한 편의 파노라마 영화를 보는 것 같다. 난 영화의 주인공이 되어 그곳을 배경으로 따뜻한 생강차 한 잔을 마셨다. 생강차의 맛이 전에 먹었던 맛과는 달랐다. 올라오느라 거칠어진 내 숨결과 히말라야의 만년설이 녹아든 물 같다. 아름다운 설경을 벗 삼아 다시 남체로 하산했다.

오전에 에베레스트 뷰 호텔 전망대를 다녀온 일행 중 여러 명이 두통과 메스꺼움 증세를 호소하기 시작했다. 오후에는 셰르파족 박물관을 가기로 했지만 취소되었다. 셰르파족 박물관을 가기 위해서는 에베레스트 뷰 호텔로 가는 길 쪽으로 다시 올라가야 해서 모두들 난색을 표했기 때문이다. 셰르파족들의 전통과 에베레스트 등반 관련 사진들을 볼 수 있다는데 아쉬움이 남았다. 하지만 이곳에서 나 혼자 박물관에 가려는 단독 행동은 용납되지 않는다.

오후에 남체의 가게들과 거리의 모습을 구경했다. 카페에서 커피와 초코빵을 사 먹고, 오랜만에 연결된 와이파이로 떠나온 세상을 들여다보는 여유를 즐겼다. 오랜만에 돼지고기 수육으로 맛있는 저녁 식사를 즐겼다. 고산에서는 가만히 있어도 체력 소모가 심하다. 난 생존을 위해 하루하루 먹는 것에조차도 최선을 다했다. 음식을 잘 먹는 것이 얼마나 중요한 일인지, 원활한 장기능이 얼마나 고마운 일인지 새삼 깨닫는다.

　일상의 사소한 일들이 가장 중요한 일이 되어 가고 있었다. 코인티슈 3장을 따뜻한 물에 적셔서 얼굴과 손, 발을 닦았다. 몇 방울의 물로 이 모든 행위를 꽤나 성공적으로 하고 있다는 사실이 놀랍다.

　불편한 점이 한두 가지가 아니었으나
　오늘 새벽 보았던 콩데 위에 펼쳐진 수많은 별들과
　끝없이 내달리는 히말라야의 능선들이
　날 위로하고 버틸 에너지를 주고 있었다.

　아름다운 별세계는 디보체를 지나 딩보체에서 다시 만날 수 있었다. 눈길을 헤치고 온 딩포체 마을은 제법 컸다. 언제 내린 눈이 얼어붙은 것인지 마을 안쪽 길은 얼음으로 완전히 덮여 있었다. 저녁 식사 후 야크 똥으로 피운 난롯가에 모여 두런두런 이야기꽃을 피웠다. 눈길을 걸어와서인지 따스함에 행복감이 밀려온다. 4,000m 이상 지역에서는 땔나무가 없기 때문에 야크 똥이 연료로 쓰인다. 동물의 똥도 귀중한 자원이다. 처음 맡는 냄새에 머리가 아프지만 견디기 힘든 추위 때문에 난로 곁을 떠나지 못한다.

일행들 중에는 안나푸르나를 비롯해 이곳 히말라야에 여러 번 온 사람들이 많았다. 산을 좋아하는 사람들이라 마음도 산처럼 넉넉하게 느껴졌다. 즐겁고 따뜻한 시간도 잠시뿐, 저녁 8시가 되면 야크 똥도 피우지 못한다. 수력과 태양열에 의존한 전력이 충분치 않고 야크 똥도 넉넉하지 않아 난방을 계속할 수가 없다.

난방이 전혀 되지 않는 롯지의 방은 상상 이상으로 추웠다. 두꺼운 옷을 입고 '파쉬'라는 물주머니를 껴안고 침낭 안으로 내 몸을 빨리 구겨 넣어야 했다. 아마다블람이 바로 가까이에서 보이는 딩보체 롯지에서 이른 저녁잠을 청해 본다. 하지만 쉽게 잠들 수가 없었다. 하필 내 방 바로 옆이 우리 물건을 싣고 온 좁교들의 잠자리였다.

추운 날씨에 좁교들도 밤새 뒤척이고, 좁교의 목에 걸려 있는 방울 소리 또한 밤새 딸랑거렸다. 좁교 너도 춥고 피곤해서 쉬이 잠 못 드는구나. 얼마나 힘이 들었을까. 나의 무게를 대신 짊어지게 한 미안함에 나의 잠을 깨운 실례를 너그러이 용서해 주었다.

마차푸차레, 마테호른과 함께 세계 3대 미봉 중 하나인 아마다블람(6,856m)이 롯지의 창 너머로 나를 내려다본다. 어머니의 목걸이라는 이름처럼 어둠 속에서도 기품 있고 찬란하다. 아마다

세계 3대 미봉 중 하나, 아마다블람

블람 위로 새벽 별들 쏟아지고 있었다. 하늘을 보며 한껏 기지개를 편 적이 언제였는지 기억조차 나질 않았다. 오리온자리, 전갈자리, 물병자리, 백조자리, 쌍둥이자리…. 어릴 때에는 별자리의 운세, 성격도 쭉 꿰고 있었고 별자리에 얽힌 신화도 풀어낼 수 있었고, 마당 한편 장독대에 올라 별자리를 찾아가며 동생에게 설명해 주기도 했었다. 언제 잊었는지 어느새 잊혀 있었다.

아마다블람의 별들 사이로 시간 여행자가 되어 날아 본다. 거나하게 술을 드시고 양손 가득 과자를 사 오신 아빠 앞에서 동생들과 최진사댁 셋째 딸을 노래 부르던 꼬마가 되었다가, 처음 생긴 피아노 앞에 앉아 작은 손을 조몰락거리는 꿈 많은 어린 소녀가 되었다가, 상장을 받고 의기양양하던 여고 졸업생이 되었다가, 백화점 상속자 차인표와 썸을 타던 신애라를 부러워했던 아가씨도 되어 보았다.

별 하나하나가 모여 은하수가 되고,
그 은하수 안에는 하얀 쪽배도 계수나무도
토끼도 없다는 것을 진즉에 다 알았지만.
이곳 히말라야의 별들은 다시 내 가슴으로 들어왔고,
사라지고 잊었던 모든 것들은 그 별들 안에 있었다.

〔 늦지 않았어, 오늘이야 〕

'체', '체', '체', 신들의 세계

아침 햇살에 화려한 황금 옷을 두른 콩데의 모습을 보며 남체를 벗어나 디보체(3,820m)로 향했다. 디보체 가는 길은 에베레스트 뷰 호텔 방향으로 가다가 갈라진다. 우리의 루클라 입성을 하루 늦게 만들었던 폭설로 인해 해가 비추지 않는 골목은 꽁꽁 얼어 있다. 스틱과 가이드의 도움으로 조심조심 발걸음을 옮긴다. 이제는 고산증의 두려움에 더해 무거워진 발 무게까지 감당해야 한다.

캉중마 롯지에서 점심 식사를 하고 에베레스트 하이웨이라고 일컫는 능선을 따라 걸었다. 그래도 평평한 길이다. 평평한 길을 만난 기쁨도 오래가지 않는다. 급한 오르막이 시작됐다. 내 인생도 그랬다. 오르막이 있으면 내리막이 있었다. 높은 오르막 이

콩데의 일출

후엔 급한 내리막이 있었다. 이제는 내려갈 나이가 됐다. 가벼운
하산을 위해서는 가져갔던 짐들을 내려놔야 한다.

한 번도 와 본 길이 아니기에 두려움도 컸지만,
알 수 없는 길이기에 신비롭다.

디보체를 향해 가는 길에도 무슨 뜻인지 모를 불경이 적힌 타르초가 바람에 날린다. 멀리 구름에 가려 보일 듯 보이지 않는 에베레스트를 향해 아마다블람을 오른쪽으로 끼고 걷는다.

이제는 완연하게 고산지대의 풍경으로 바뀌었다. 어느 순간 수목한계선을 넘었는지 큰 키의 나무는 보이지 않고 낮게 자라는 나무만 눈에 띈다. 점점 더 황량해지면서 아름답다는 느낌보다 무서움과 경외감이 느껴졌다. 히말라야의 길을 계속 걷다 보면 중간 기착지인 텡보체 사원이 나온다. 이 유명한 사원에서 대부분의 등반객들이 참배를 한다. 나는 등산화를 벗었다가 다시 신는 것이 너무 귀찮아져 사원 외부의 마니차만 돌렸다.

사원 구경을 마치고 디보체로 향하는 길은 언제 내린 눈인지 녹지 않고 빙판이 되어 있다. 아이젠을 신어야 했다. 아이젠을 신고 벗는 일조차 쉽지 않다. 힘이 들어가니 호흡이 빨라지고 그래서 더 힘들어진다. 설산 속으로 계속 걸었다. 눈길에서는 다리의 무게가 천근만근 느껴져 힘이 더 들었다.

온통 하얀 세상인데 어둠은 왜 이리도 빨리 내리는지 밤이 되어서야 디보체(3,820m)에 도착했다. 그냥 걷기도 힘든 길을 아이젠까지 신고 걸었더니 다리가 퉁퉁 부었고, 온몸에 힘을 잔뜩 주며 걸었더니 중세시대 기마병처럼 철갑으로 중무장한 느낌이다. 내 몸의 유연함은 사라진 지 오래다. 해발고도가 4,000m가 가까워 오니 롯지의 밤은 더욱 추웠다. 산속 깊은 곳에 자리한 이곳은 무섭기까지 하다.

디보체(3,820m)를 출발해서 딩보체(4,410m)로 가는 아침이다. 고도 4,000m를 넘어서니 경사도 급하지만 호흡도 더욱 쉽지 않았다. 하지만 가는 길에 친구처럼 엄마처럼 아마다블람이 따라오니 위안이 된다. 멀리 정면으로 보이는 에베레스트와 로체는 구름에 가려 보이지 않는다.

이곳에는 '체'라는 지명이 많다. '남체', '디보체', '딩보체', '페리체'처럼 마을이나 숙소를 '체'라고 한다. 또 '로체', '촐라체'처럼 산 이름에도 '체'가 많다. 여기서 '체'는 신을 뜻한다. 이 지역 사람들은 산을 신이 사는 곳이라 신성하게 여겼다. 이 척박한 땅에 함께 마을을 이루어 살아가는 것 또한 신의 가호라 여겨 마을 이름을 '체'라고 일컫는 것은 아닐까 생각했다. 신들의 세계에서 나는 한없이 작은 존재임을 자각한다.

여기까지 걸어온 것도 신의 너그러움이요
여태까지 살아온 것도 신의 보살핌이다.
히말라야의 대자연 앞에서 나는 구도자가 되어 간다.

지금까지 씩씩하게 걸어왔는데 갑자기 가슴이 꽉 막히며 뜨거운 것이 울컥 올라왔다. 이곳에 온 지 얼마 되지 않는 짧은 시간에도 아프지 않기를, 날씨가 좋기를, 무사히 트레킹을 마칠 수 있기를 사가르마타 여신에게 수없이 빌었다. 무기력하고 나약한 존재가 되어 신의 가호만을 바라는 내가, 행여 신의 노여움을 불러 거센 바람이라도 몰아칠까 걱정하는 내가, 여태껏 나와 가족에게는 질투 많고 냉혹한 여신 헤라처럼 굴었던 건 아닌지 후회가 밀려왔다.

아들 생각에 눈시울이 붉어졌다. 나는 나만의 원칙과 기준이 있었다. 무슨 일이든 열심히 하자. 시간 낭비를 하지 말자. 나로 인해 다른 사람에게 피해를 주지 말자. 좋은 원칙이고 바람직한 삶의 자세라고 생각했다. 그렇게 살기 위해 늘 전전긍긍했고, 안달복달했다. 그렇지 않다고 생각한 타인은 외면했고, 그렇게 행동하지 않는 가족을 고치려 들었다. 내 기준을 고집했고, 내 기준대로 판단했으며 내 기준대로 살기를 강요했다.

직장이었던 학교에서는 좋은 동료로 선생으로 인정받기 위해 열심이었지만, 정작 집에서는 좋은 아내와 엄마가 되기 위해 노력하지 않았다. 늘 학교와 학생들이 먼저였고 남편과 아들은 나중이었다. 방황하는 아이들을 이해하고 도와주고자 했지만, 방

황하는 내 아들은 꾸짖고 나무랐다. 아이들에겐 늘 가까이 다가
가고자 했지만, 아들에겐 다가오기만 바랐고 멀어지게 했다. 반
항 한번 없었던 착한 아들이었는데 마음으로 품어 주지 못하고,
늘 정답만 강요한 엄마였다. 후회 없는 삶이 있을 리 없겠지만,
후회와 미안함과 의젓하게 자라 준 고마움에 가슴이 아파 왔다.
갑자기 왈칵 눈물이 났다. 옆에 아무도 없었다면 대성통곡을 할
뻔했다. 잘 살아왔다고 생각했는데 그게 아니었다.

지금까지 걸어온 길을 되짚어 가서
다시 트레킹을 시작할 수 없듯
지나온 나의 삶도 되돌릴 수 없다.
아직 내가 올라야 할 길이 많이 남았듯
내가 살아가야 할 삶도 아직 남았다.

이곳에 오기 전엔 지금만 생각하고 현재에 충실하자고 했는데
왜 자꾸 과거를 헤집고 다니는지 모르겠다. 머릿속은 오만 가지
생각으로 갈 곳을 못 찾는데 배가 고파 왔다. 배고픔도 뇌의 중
추신경 작용이 아니던가? 후회와 눈물과 배고픔이라니…. 어울
리지 않는 이 조합은 뇌의 변덕인지 멀티 능력인지 피식 웃음도

나왔다.

점심으로 짜장밥을 먹었던 롯지의 앞마당이 따스했다. 식사 후 이곳에서 어미 닭을 기다리는 병아리처럼 햇살을 좇아 일렬로 기대앉아 쉬었다. 마냥 그러고 싶었지만, 서둘러 길을 재촉해야 했다. 고도가 높아지면 어둠이 더 빨리 내리기 때문이다. 그렇다고 빨리 갈 수도 없었다. 호흡 조절에 실패하면 찾아온다는 고산증이 무서웠다.

이미 내 얼굴은 고산증세가 왔음을 보여 준다. 빵 봉지와 커피믹스 봉지가 터질 듯이 부풀어 오르더니, 내 얼굴이 그리될 줄은 몰랐다. 효과 만점 천연 보톡스를 맞은 것인지 주름살이 쫙 펴진 얼굴은 빵빵하게 부풀어 올랐다. 이러다 터지면 어쩌지 하는 걱정마저 들었다. 특히 세수도 못 하고 머리도 감지 못한 내 모습은 정말 어색했다. 처음 보는 내 모습에서 자연인이 등장하는 TV 프로그램이 생각났다. 여성 자연인도 있었던가?

원했든 원하지 않았든 이곳에선
이런 자연인 같은 모습이 어울린다고 느껴졌다.
다른 사람의 시선 따위는 점점 의식하지 않게 되고,
있는 그대로의 나 자신에게 오롯이 집중하게 됐다.

누가 새겨 놓았을까? 어떤 소망을 담아 새겼을까? 마니석이 보인다. 낮게 자란 관목 사이로 먹이를 찾아다니던 야크의 길들이 미로처럼 엉켜 있다. 혹은 태초부터 자연이 만들어 놓은 길일지도 모르겠다. 경사가 급한 산비탈에 만들어진 길 또한 예술적이다. 일부러 그렇게 만들려고 해도 힘들 것 같았다. 그 길은 아주 오랜 시간 야크들이 만들어 놓은 길을 인간이 뺏은 것은 아닐까? 아무런 저항 없이 인간에게도 이 길을 이용하게끔 길을 내어준 야크의 마음을 우리는 조금이라도 헤아릴 수 있을까?

안개인지 구름인지 분간하기 힘들었고, 그 사이로 산들이 부지런히 숨기 시작했다. 호흡이 가쁘고, 정신이 혼미해졌다. 계속해서 같은 길만 맴도는 마법에 빠진 건 아닌지, 하염없이 걷다 보니 멀리 마을이 보이기 시작했다. 드디어 딩보체다.

사람의 길과 야크의 길

거친 숨소리로 서로를 응원하며

아마다블람을 가장 가까이에서 볼 수 있는 마을인 딩보체에서 하룻밤을 지냈다. 아침 식사 전인데 가이드 지반이 부산하게 움직였다. 일행 중 두 사람이 트레킹을 포기하고 헬기 하산을 한다고 한다. 고산증으로 인한 구토와 두통으로 전날부터 힘들어했던 사람들이다. 얼마나 고통스러우면 여기까지 와서 중도에 포기하고 하산을 택할까 싶었다. 많이 안타까웠다.

오랜 시간을 나처럼, 이곳에 오기를 꿈꾸고 준비해 왔을 것이다. 하산을 위해 헬기를 이용하는 비용 또한 많이 든다. 하지만 고산증이 심하면 목숨이 위험하다고 하니 달리 선택할 방법이 없다. 서둘러 하산하는 길만이 유일한 치료법이다. 남의 일 같지 않았고 두려움이 엄습해 왔다. 고도는 점점 높아지고 산소도 점점 희박해지고 있었다.

이곳까지 온 것도 온전히 나의 선택이었고 모든 어려움도 내가 감당해야 할 일이다. 평소 체력이 좋다고 고산증이 오지 않는다는 보장은 없다. 아무도 알 수 없는 일이고, 알 수 없기에 그냥 부딪힐 수밖에 없었다. 살면서 예상대로 된 적이 얼마나 있었던가. 예상한 대로 된 적도 있었지만 빗나간 적도 많았다. 생각하지 않았던 의외의 일로 좌절하기도 했었고, 뜻하지 않은 행운에 기뻐하기도 했었다.

내 삶의 순간에 기쁨과 슬픔은 늘 예고 없이 찾아왔었다.
결국 어떤 상황이 찾아와도, 담담한 마음과 태도만이
내가 흔들리지 않고 대처할 수 있게 만들리라.

아직 일어나지 않은 일에 걱정하는 대신 좀 더 노력하기로 했다. 내가 여기서 할 수 있는 노력은 많지 않다. 좀 더 천천히 걷고, 좀 더 깊게 호흡하고, 좀 더 자주 많은 물을 마시는 수밖에.

헬기 하산을 결정한 분들과 마지막 인사를 했다. 화가 나고 속상할 것 같았다. 하지만 웃는 얼굴로 끝까지 완주하시길 빈다고 하셨다. 진심이 느껴졌고, 감동했다. 일행 두 명이 헬기로 하산하는 것을 보고 나니, 고산증에 대한 막연한 두려움이 실체로 다가왔다. 안타까운 마음과 고산증에 대한 두려움이 내내 번갈아 찾아왔다.

딩보체에서 첫날 오전은 고소 적응을 위해 가까운 나카르상(4,800)까지 다녀오기로 했었는데, 헬기 하산을 배웅하느라 조금 늦게 출발했다. 끝까지 함께하지 못한 아쉬움 때문인지 두려움 때문인지 나카르상 가는 길에는 모두 말이 없다. 날씨 또한 흐려지고 눈발이 날린다. 지금까지는 날씨가 좋았고, 파랗고 맑은 하

고산증으로 퉁퉁 부은 얼굴

늘을 계속 볼 수 있었다. 이곳의 날씨는 기압의 영향도 기온의 영향도 아닌 신의 뜻이다. 예측할 수도 없다. 최종 목적지인 칼라파타르에 올라서는 감격의 순간에 에베레스트를 볼 수 없을지도 모른다. 아쉬움이 크겠지만 마음을 비워야 한다. 신의 뜻이라고.

올라가는 길에 누군가의 다양한 소망들이 돌탑을 이루고 있었다. 트레커들과 네팔인들의 기원을 담은 작고 소박한 돌탑들이다. 그들이 빌었던 소망들은 바람에 실려 사가르마타 여신에게 닿았으리라. 나도 다짐을 담아 소망 하나를 조심스레 올려 본다.

고소 적응을 위한 짧은 거리라 생각했지만 나카르상까지 오르는 길도 만만치 않았다. 흐린 시야 속에서 바라보는 고산들은 더욱 신비함을 더해 가고 있었다. 나카르상까지 올라갔다가 돌아온 오후 시간은 간만에 여유로웠다. 워낙 작은 마을이라 있어야 할 것은 다 있지만 없을 것은 없다는 기념품 가게에서 모자도 사고, 돌담 사이를 산책하며 사진도 찍었다.

이곳에서 나는 쉽게 경험할 수 없는 특별한 날들을 보내고 있다. 하지만, 이렇게 마음속으로 꿈꿔 왔고 오랫동안 계획했던 특별한 날들을 보내면서도 평범한 날들의 기억이 머릿속을 떠나지 않는다.

매일매일의 일상이 특별하지는 않았지만

소중한 한 날들이었음을 느낀다.

먹는 것, 자는 것, 편안하게 숨 쉬고 있는 것….

지극히 평범하다 여겼던 그것들만큼 소중한 것은 없었다.

어찌 보면 우리가 매일 만나는 보통의 날이

아주 특별한 날이었다는 것을 이곳에 와서 느낀다.

내일은 5,000m에 가까운 로부제(4,910m)로 가야 한다. 벌써부터 가슴이 두근거리기 시작한다. 내 몸을 최대한 아끼기로 했다. 내 몸을 혹사시키며 살기만 했지 이렇게 아껴 보는 것도 처음인 듯싶다. 여기서 내 몸은 내가 가진 최후의 보루다. 충무공에게는 12척의 배가 남아 있었지만 나에겐 튼튼한 몸이 남아 있다고 호기를 부려 본다. 오지 않는 잠을 자기 위해 1,000부터 거꾸로 세어 보기 시작했다.

4,910m의 로부제로 향하는 날이다. 고도를 500m나 높여야 한다. 딩보체부터 양치질하는 것, 짐을 싸는 것조차 힘들어졌다. 아침이 되자 일행 중 한 분이 또 헬기 하산을 택한다. 어제 하산한 분들과 함께 갔으면 헬기 비용도 절약할 수 있었을 텐데. 그 순간 난 돈이 먼저 떠올랐다. 아직 견딜 만하다고 사람의 목숨

나카르상 오르는 길

앞에서 돈 걱정을 하다니. 이런 내가 창피하다. 무릎 통증과 고산증으로 고생한 그분이 여기 딩보체까지 온 것만 해도 기적이었다. 여기까지 씩씩하게 잘 견디고 오신 거다. 아쉬움이 컸지만 남아 있는 우리는 남은 길을 떠날 수밖에 없었다.

아침 햇살에 황금 옷을 입은 고봉들이 잘 다녀오라고 말을 건다. 오늘따라 유난히 더 찬란하다. 아침 체조로 몸을 풀고 나니 밤새 딱딱했던 몸이 유연해지는 느낌이다. 하지만 출발하자마자 금방 숨이 차오르고 다시 딱딱해진다. 아래와는 완전히 다른 세상이 펼쳐진다. 나무나 관목은 전혀 보이지 않고 오로지 눈과 얼음뿐이다. 이런 곳에서도 사람들이 살 수 있다니 놀라울 뿐이다. 설산들의 높이와 크기가 가늠이 되질 않는다. 인간의 눈으로 잴 수 있는 게 아니다.

파란 하늘 아래 하얀 설산뿐이다.
그것 외엔 아무것도 보이지 않고 텅 비어 있다.
텅 비어 있는데 그것으로 인해 온통
가득 찬 느낌이다. 놀라운 풍경이다.

익숙한 길이 아니다 보니 오히려 의심하지 않고 갈등하지 않았다. 맞는 길인지 옳은 길인지 내가 알 길은 없었고 앞만 보고 걸었다. 커지는 내 숨소리를 들으며 한 걸음 한 걸음 걷는다. 지금 이 순간 이 걸음에만 집중하는 나를 발견했다. 지나고 나니 쉽게 얻었던 것보다 어렵고 힘들게 얻었던 것만 기억에 남았다. 지금 내가 걷는 이 길이 다가올 어떤 길보다 깊이 기억에 새겨질 것 같다.

고도가 높아서인지 평지를 걸어도 숨이 차다. 오르막길에선 두

타르초가 날리는 설산

세 걸음 떼면 숨을 고르게 된다. 우뚝 솟은 타부체(6,495m)와 촐라체(6,335m)를 왼쪽으로 보면서 걸었다. 걷고 있는 내 뒤를 아마다블람이 따라온다. 지쳐 가는 나를 아름다운 풍광이 위로하고 있었고 촐라체를 만나니 가슴이 뜨거워졌다.

문득 박범신 작가의 소설인 『촐라체』가 생각났다. 실화를 배경으로 한 소설로 가혹한 생존의 갈림길에서 믿음의 끈을 놓치지 않고 인간의 숭고한 길을 쫓은 두 남자의 이야기를 다룬 소설이다. 그리고, 〈하얀 블랙홀〉이라는 다큐멘터리 생각도 났다. 우리가 잃어 가고 있는 소중한 가치와 깊은 우의에 관한 내용이었다. 그 다큐를 보고 엄청 울었던 기억이 있다. 바로 그 소설과 다큐멘터리의 배경인 촐라체 앞에 내가 서 있다.

인생 살아가는 것도 어찌 보면 등반하는 과정과 같다는 생각이 들었다. 남들보다 더 높이 오르는 것이 중요한 것이 아니라 '누구와 함께 오를 것인지, 어디를 어떤 마음으로 오를 것인지'가 중요한 것 같다. 인생도 마찬가지라는 걸 왜 이제야 깨달은 것인지. 너무 늦지 않으면 좋겠다는 생각을 했다.

길을 따라 걷다 보니 돌을 쌓아 올려 지은 오두막이 보인다. 여름에는 이곳에 사람이 머물며 야크를 방목한다고 한다. 야크를 키우는 목동의 작품인지 지나가는 트레커들의 기도인지 알 수 없지만, 수많은 작은 돌탑이 있다. 올려진 작은 돌 하나하나가 이 길을 지났던 수많은 사람들의 이야기다. 까마득하게 바라보이는 계곡 밑으로 마을이 보였다. 하산 길에 머무를 페리체 같아 보인다.

우리가 가는 길을 무거운 짐을 진 좁교와 야크들이 지나간다.
이곳은 자연과 사람과 동물의 경계가 없다.
서로의 목적은 다르지만 같은 곳에 함께 있다.

메모리얼 사이트에서

로부제에 거의 다다를 무렵 거칠고 높은 고개를 하나 넘으니 전에 없던 바람이 분다. 그리고 유난히 많은 타르초가 보인다. 에베레스트를 오르다 산화한 산악인들을 기념하는 공간인 메모리얼 사이트라고 한다. 많은 사람들의 기념비가 흩어져 있다. 우리나라 사람의 기념비 앞에서 발걸음을 떼기가 힘들었다. 가슴이 먹먹해 온다. 그들의 명복을 빌며 잠시 쉬어 간다.

그들은 무엇을 위해 이 히말라야 등정을 하려 했을까?
나처럼 그냥 오르고 싶었던 걸까.
그의 마음은 알 수 없지만 한 가지는 분명히 안다.
세계 최고봉을 오르겠다는 단순한 정복욕은 아니란 것을.

딩보체에서 로부제로 가는 길에 지구에서 가장 큰 내륙빙하인 쿰부 빙하를 만났다. 빙하라고 해서 얼음 세상인 줄 알았다. 얼음이라기보다 돌이 더 많이 섞여 더욱 황량해 보인다. 자갈과 바위투성이의 계곡을 건너 작은 마을 두클라에 도착한다. 두클라에서 점심을 먹은 후 다시 오르기 시작했다. 두세 걸음에 한 번씩 숨을 고른다.
어떤 자연의 힘이 저 큰 바위를 여기까지 옮겨 놓았을까? 크고

쿰부 빙하길을 걷다.

작은 바위와 얼음이 뒤섞여 걷기가 더욱 힘들어졌다. 아마 과거에는 거대한 빙하로 덮여 있던 길이었겠지. 온난화로 인해 빙하의 규모가 점점 줄어들고 있는 것으로 보였다.

어떤 길이 또 나타날지 알 수 없다.
여기서 만나는 길은 모두 새롭다.
처음 보는 길이요 처음 가는 길이다.
우리의 삶처럼 가 보지 않고는 알 수 없는 길을
거친 호흡으로 하염없이 걷는다.

다시 숨을 고르고 끝없이 계곡을 따라 걷는다. 산행을 하다 보면 오롯이 혼자여서 좋았다. 또 함께 이야기하고 웃을 수 있어서 좋았다. 그러나 이곳 쿰부 히말라야에서는 침묵만 흐른다. 지금 우리는 침묵하지만 서로 대화를 하고 있었다. 거친 숨소리가 서로를 응원하고 있었다.

계속되는 오르막길이 유난히 힘들었다. 로부제에 도착해서는 더 이상 내 몸에 남아 있는 에너지가 없었다. 고산병 예방에 좋다는 마늘 수프와 팝콘을 먹고 회복되기를 기다렸다. 로부제도 아주 작은 마을이다. 해발고도 5,000m가 되니 숙소의 수도꼭지는 얼어 있고 화장실도 매우 불결했다.

아직도 가야 할 길이 남아 있는데 몸과 마음은 더욱 무거워진다. 그날 밤도 롯지에서 난로불이 꺼질 때까지 방으로 돌아가지 못했다. 모두 말이 없었고 난롯불만 쫓았다. 말을 하지 않아서 서로 더 많은 얘기를 나눴고, 말을 하지 않아서 서로 위로가 되고 격려가 되었다. 마주 보지 않아서 따뜻했다.

발아래 풍경, 그 똥이 그리워질 줄이야

처음 루크라 공항에 도착하여 트레킹을 시작할 때 나를 처음 반긴 건 한 무리의 좁교였다. 반가움의 표시인지 모를 녀석들의 방울 소리가 정겨워 나도 모르게 손을 흔들었다. 그런데 무거운 짐을 지고 가던 한 녀석이 힘이 들었는지 아니면 힘을 준 것인지 똥을 싸면서 지나갔다 이것은 시작에 불과했다. 트레킹을 시작할 때부터 끝날 때까지 에베레스트 가는 길은 온통 똥 천지였다.

피할 길은 없었다. 똥과 친해질 수밖에 달리 방법이 없었다. 내가 상상해 왔던 풍경은 분명 아니었다. 생각해 보니 난 하늘 가까운 곳의 풍경만을 상상했지 발아래 풍경은 한 번도 생각해 본 적이 없었다. 살면서 발아래를 유심히 봤던 기억도 없다. 이곳에 와서 발아래를 하늘만큼이나 많이 쳐다본다.

아래를 보면 온통 똥밭이요,

위를 보면 눈부시게 푸른 하얀 설산이다.

이 또한 무슨 조화인지 모를 일이다.

마을과 마을을 연결시켜 주는 교통수단은 동물뿐이다. 두 바퀴, 네 바퀴로 가는 것은 찾아볼 수 없다. 말, 나귀, 좁교, 야크, 개들의 배설물은 자연의 한 부분이었다. 처음에는 더럽다는 생각에 인상이 찌푸려졌고, 배설의 순간을 목격하니 당황스러웠다. 동물들은 계단을 올라가면서 힘을 주는지 어김없이 뿌리고 간다. 가파른 오르막을 오르니 얼마나 힘이 들까. 어쩔 수 없이 배에 힘이 들어가겠지. 혼자 걷기도 힘든 길을 무거운 짐을 지고 올라다니 말이다. 이해가 됐다.

하지만 계단 길을 오를 때에는 더욱 신경을 쓰며 걸었다. 그 많은 똥들을 쳐다보는 내 얼굴은 이미 똥 밟은 얼굴이 된다. 마치 난 배설을 하지 않는 고상한 인간이듯 착각하면서 말이다. 우리도 장을 가지고 있으며 배설해야 하는 동물이다. 배설을 못하면 오래 못 버티고 죽는다. 더럽고 불결한 것으로 생각하면 안 될 일이었다.

신기하게도 히말라야에서 만난 똥들은 냄새가 나질 않았다. 맑

계단길은 나귀도 힘들다

은 공기를 마시며 살아가기 때문인지 멈추지 않는 바람 탓인지 알 수는 없다. 어쩌면 신들과 가까이 사는 특권일지도 모르겠다.

로부제 롯지 근처에서 야크 똥을 말리는 광경을 보았다. 이곳 사람들은 야크 똥을 모아 납작한 작은 쟁반처럼 만들어 말린다. 이렇게 말린 야크 똥은 겨울을 지낼 수 있는 중요한 연료가 된다. 연료뿐만 아니라 건축자재로도 쓰이는 소중한 자원이다. 모아서 말리는 장소도 집집마다 마련되어 있다. 고도가 높은 이곳에서는 나무와 같은 연료를 구할 수 없기에 똥이 참 중요하다. 그래서 이곳에서 똥은 곧 돈이다.

트레킹을 마치고 롯지에 들어서면 유난히 더 춥다. 길에는 그렇게 많은데도 롯지의 난방을 위해 말린 야크 똥은 늘 부족하다. 저녁 식사 후 난롯가로 모여든 우리는 꺼져 가는 불빛을 바라보며 오들오들 떤다. 떨면서 똥 이야기를 하며 서로 웃었다.

"밖에 나가서 야크 똥을 하나씩 주워 오자고.
이왕이면 큰 놈으로."

이곳의 모든 동물은 길에서 해결하지만, 인간은 최소한 동물들과는 달라 화장실을 찾아 해결한다. 이곳의 화장실은 물론 어린

자연, 인간, 동물

시절 한 번쯤 이용해 봤었던 재래식 화장실이다. 처음에는 낯설고 이용하기 두렵기도 했지만 가장 자연 친화적이고 깨끗했다. 오히려 어설프게 만들어 놓은 롯지 안의 양변기가 훨씬 더 비위생적이었다. 이곳의 화장실이 옛 방식이고 우리와 다르다고 해서 미개한 것으로 단정할 수 없다. 이곳의 자연과 환경에 가장 최적화된 방식이다.

배 안에 가득 담아 에너지로 사용하고, 또 그 찌꺼기를 비워 내야 가볍게 갈 수 있다는 것을 뼈저리게 체험한다. 왜 사찰에 가면 해우소라는 간판을 달아 놓았는지 깨닫는다. 근심을 해소하는 곳. 긴 트레킹 여정을 걷고 또 걸으며 무엇보다도 먼저 해우소를 찾게 되었다. 속이 불편하면 걷기 불편하고, 안 그래도 힘든 몸은 최악의 상태가 된다. 잘 먹고 잘 자고 잘 싸는 일이 얼마나 중요한 일인지 이토록 절실히 체험한 적이 없다.

히말라야에서의 똥은 몸을 녹일 불을 가져다준 프로메테우스였고, 눈보라를 피해 잠을 청할 수 있는 롯지를 지어 준 헤파이토스였다. 이곳에서 나는 똥에게 감사했다.

사람과 동물의 경계가 없는 곳,

땅과 하늘의 경계가 없는 곳.

이곳이 바로 히말라야다.

모든 것이 처음이고 기적이었다

로부제에서 하룻밤을 보내고 마지막 롯지인 고락셉(5,140m)을 향해 가는 날이다. 오후에 칼라파타르(5,550m)까지 올라야 하는 만큼 서둘러 출발했다. 빙하 길이 쉼 없이 이어져 있다. 빙하가 쓸고 내려온 거대한 바위들과 그 속에 핀 히말라야 에델바이스도 만났다. 호흡은 점점 더 가빠진다. 그늘진 계곡은 더욱 추웠고 다행히도 빙하 계곡에 칼바람은 불지 않았다.

쿰부 빙하의 위용은 대단했다. 한 발 한 발 최선을 다해 보지만, 눈에 보이는 고락셉은 점점 멀어지는 느낌이다. 히말라야에는 눈사태가 자주 난다는데 진짜 그럴 것같이 위험스럽다. 눈앞에 아름다운 하얀 설산이 보인다. 난 이 산이 우리가 오를 칼라파타르인 줄 알았다. 이 산은 푸모리(7,165m)이고 그 앞에 있는 검은 언덕이 칼라파타르(5,550m)라고 한다.

드디어 고락셉에 도착하였다. 하늘과 가장 가까운 아주 작은 마을이었다. 사람이 도저히 살 수 없어 보인다. 산소는 5,000m 고도에서 평지의 절반으로 줄어든다. 도착하자마자 다시 배낭을 정리하고 차 한 잔 마신 다음, 쉴 틈도 없이 칼라파타르를 오른다. 일행 중 몇 분은 고산증세로 인하여 등정을 포기하고 쉬기로 했다. 체력이 고갈된 이유도 있지만 하산 길도 만만치 않아 체력을 아껴 두어야 하기 때문이다.

고락셉에 도착하고 나니 내 체력도 바닥으로 떨어졌다. 화장실에서 소변이 잘 나오지 않았다. 처음 있는 증상에 당황했지만 여기까지 와서 최종 목적지인 칼라파타르를 오르지 않을 수는 없다. 그런데 지금까지 걸어온 길보다 칼라파타르봉을 오르는 그 짧은 거리가 가장 힘들었다. 추운데 식은땀까지 난다. 얼굴과 귀는 차가운데 가슴에 뜨거운 것이 올라온다. 숨이 턱턱 막혀 왔다.

칼라파타르는 1, 2, 3봉이 있는데 1봉까지만 올라도 가장 가까이에서 에베레스트(8,848m)와 눕체(7,819m)도 감상할 수 있다고 한다. 3봉까지 올라가 보는 광경은 1봉에서 보는 것과 비슷하다는 말이 반갑기도 하고 위안이 되었다. 그 말을 믿고 1봉까지만 오르고 난 멈춘다. 내 눈앞에 구름이 날리는 에베레스트가 보인

칼라파타르에서 바라본 에베레스트와 눕체

다. 오히려 에베레스트보다 앞쪽에 위치해 더 높아 보이는 눕체
도 당당하게 서 있다. 감격스러웠다. 여기까지 힘들게 와서 보지
못하는 경우도 많다고 한다. 순간의 기적에 감사하다. 세계 최고
봉을 이리 가까이 보다니 믿기지 않았다.

목적지까지 왔으면 환호성이 나와야 하는데 아무런 말을 할 수
없었다. 그 장엄한 풍광을 온전히 즐기기에는 내 정신이 온전치
않았다. 전에 왔었던 안면신경 마비의 후유증인지 내 오른쪽 볼
이 미세하게 떨리기 시작했다. 얼굴을 최대한 버프로 가려 본다.
건기라서 바람까지 세차게 분다.

칼라파타르와 푸모리

사가르마타 여신을 가장 가까이서 잠시라도
마주 볼 수 있었다는 기쁨은 아주 컸다.

언제나처럼 힘들게 오른 정상에서의 시간은 짧았다. 반드시 정상에 올라가야만 산을 정복한 것은 아니다. 물론 이곳은 히말라야의 정상도 아닐뿐더러 히말라야는 인간의 정복 대상이 될 수 있는 곳이 아니다. 여기까지 걸어온 과정이 소중하고 이 시간을 견뎌 온 우리의 인내가 승리자였다.

이제는 고산증의 두려움과 발걸음의 무거움을 떨쳐 버리고 가벼운 마음과 걸음으로 하산하고 싶었다. 나는 가이드와 함께 하산을 선택했지만, 일행 중 몇 명은 3봉까지 올라갔다. 그들은 눕체와 에베레스트의 봉우리가 노을에 불타는 멋지고 귀한 사진을 가져왔다. 그들의 인내에 진심 어린 박수를 보냈다. 아쉬움이 컸지만 멈출 줄도 알아야 한다는 생각이 들었다. 더 이상의 욕심은 사마르가타 여신의 노여움을 살 듯 싶었다.

등산하는 데 있어 정상 정복이 전부는 아니다.
정상에 꼭 오르고 말겠다는 마음을 갖는 순간
더 어렵고 힘들어지는 게 아닐까.

〔 늦지 않았어, 오늘이야 〕

어찌 보면 한 걸음, 한 걸음 내딛는 과정이
더욱 소중한 것임을 우리는 가끔 잊고 사는 듯하다.

일찍 하산한 나는 뜨거운 물주머니를 껴안고 앓으며 시간을 보냈다. 히말라야에서 보낸 여러 밤중에 가장 춥고 힘들었던 고락셉에서의 밤이었다. 방 안에 컵에 담아 놓은 물도 얼고 화장실의 물도 얼고, 모든 것은 얼어붙어 내 맘대로 되는 것이 없었다. 자다가 조금만 움직여도 숨이 막혀 옴짝달싹할 수 없었다. 내 생애 가장 추운 밤을 보냈다. 하지만 여기까지 온 것을 후회하지 않는다. 와 보지 않았다면 이곳의 자연과 지난날의 내 모습과 잃어버린 시간을 만나지 못했을 것이다.

길의 끝이라 생각했는데 또 다른 길의 시작이었다. 정상 정복하려는 산악인들이 있으니 말이다. 여기까지 온 것만도 이리 힘든데 에베레스트 정상을 오르는 사람들의 용기와 도전 정신이 매우 위대해 보인다. 난 잠시 히말라야의 품안에 안겨 본 느낌이다.

고산증세의 고통으로부터 해방이 되려면 고도를 최대한 낮춰야 한다. 이른 아침 고락셉을 출발하여 로부제에서 점심 식사 후 페리체(4,200m)까지 하산했다. 내려오면서 점차 호흡이 안정되어 감을 느낀다. 페리체는 올라갈 때 묵지 않았던 마을이다.

에베레스트 베이스캠프

하산 길의 탐세루크

하산 길에는 날씨 변화가 더 심했다. 다부체, 촐라체 등 멋진 봉우리들이 나를 배웅해 준다. 헤어지려니 벌써 그리워져 가슴이 시큰했다. 올라갈 때 만났던 오르막은 내리막이 되고 내리막은 다시 오르막이 된다. 산이 높을수록 계곡이 깊고, 높이 오른 만큼 내려오는 것도 더 힘들다.

공평했다. 극과 극은 통한다는 것.
기쁨과 슬픔은 교차되는 것. 어찌 보면 당연하다.

페리체에서 출발하여 돌아오는 길, 텡보체 사원의 언덕에서 에베레스트, 로체, 아마다블람의 삼종 세트의 멋진 뷰를 다시 감상할 기회가 있었다. 발목의 고통을 잠시 잊을 수 있었다.

출발할 때 날씨가 갑자기 변화하기 시작했다. 파란 하늘은 어느새 자취를 감추고, 먹구름이 끼기 시작했다. 날씨의 변화가 심하다 보니 올라갈 때 선명하게 보였던 탐세루크와 아마다블람 등 멋진 봉우리들이 구름에 가려 보일 듯 말 듯하다. 온전히 내어 준 것과는 또 다른 아름다움이다. 이 또한 절경을 이룬다. 콩데는 구름에 가려 보이지 않았다.

콩데가 어렴풋이 보이기 시작하자 남체 바자르에 도착했다. 이

틀이나 묵어서 친숙한 롯지에 오니 마음이 편안해진다. 지금까지의 식사는 네팔식 한식이었다면 그날 저녁에는 현지식인 달밧을 먹어 보는 경험을 했다. 녹두죽이 나왔는데 우리의 옛 음식 맛과 비슷했다. 저녁 식사 후 난롯가에서 두런두런 얘기를 나누다 일찍 잠자리에 든다.

마지막 여정은 남체를 출발해서 몬조를 거쳐 팍딩을 지나 루크라 공항까지 약 18킬로의 강행군이다. 올라갈 때 이틀에 걸쳐 간 길을 하루에 걸어야 한다. 지친 몸을 끌고 다리를 질질 끌며 발걸음을 옮긴다. 왕복 120㎞ 거리면 설악산 서북능선에서 비선대까지를 5번이나 종주하는 거리라고 누군가 말한다. 이제는 오르

네팔 현지 음식 달밧

117

꿈의 길을 마주하다

막인지 내리막인지조차 구분이 되질 않는다. 그냥 걸을 뿐이다. 목적지를 생각하면 더 멀게 느껴져 내 발끝만 보고 걷는다. 아무 생각이 없어진다.

마음을 비우니 드디어 루크라 공항 옆 롯지에 도착했다. 일행 중 한 여성은 담벼락에 기대어 운다. 그간의 고된 여정에 감정이 복받쳐서인가 보다. 난 웃음도 울음도 나오지 않았다. 격한 감정을 나도 모르게 억누르고 있었다. 기쁜 것도 감격한 것도 고통에 힘든 것도 아니었다. 아무 생각도 아무런 감정도 느껴지지 않았다.

하늘과 가장 가까운 곳에서 고산병의 두려움을 배낭과 함께
짊어지고 열흘 넘게 걸었다는 것은 기적 같은 일이었다.
그것도 내가 오래도록 상상해 왔던 풍경과 함께하며.
모든 것이 처음이었고 모든 것이 기적이었다.

내일 날씨가 좋아야 카트만두로 갈 수 있다. 여기 날씨는 오전에 잠시 맑고 오후에는 안개와 바람이 심해져 비행이 여의치가 않다. 눈 소식이 있어 걱정이다. 시야가 안 좋으면 카트만두까지 헬기로 갈 수도 있다고 한다. 무사히 트레킹을 마쳤지만 또 다른

걱정에 휩싸인다.

다음 날 새벽부터 카트만두행 비행기가 뜨기만을 무작정 기다린다. 사가르마타 여신이 다시금 하얀 눈을 뿌리며 날 붙들고 있다. 무엇이든 쉽게 얻으려 하지 말라는 뜻인가. 초조해하지 말고 기도하며 기다리라는 뜻인가. 기다림 속에서 그간의 여정이 파노라마처럼 다시 스친다. 롤러코스터 같았던 길과 그 길과 같았던 내 인생도 함께. 모든 것이 꿈인 듯싶었다.

한 걸음만

내 가슴을 울린 어떤 풍경

고산증의 두려움과 오랫동안 걷는다는 것에 대한 부담감이 컸다. 해발 4,000m 넘는 곳에서부터는 대화는커녕 숨쉬기도 힘들었고, 어떠한 길이 나타날지 예측이 되질 않았다. 돌길, 계단 길, 흙길, 빙하길, 너덜길을 비롯해 상상을 초월할 만큼 어려운 길들을 내 발로 갈 수밖에 없었다. 더디게 가도 서 있을 수는 없었다. 예측할 수 없는 롤러코스터 같은 그 길에서 아득한 먼 목적지를 생각하기보다는 지금의 한 발짝 한 걸음에 집중해야 그곳까지 도달할 수 있었다.

낮에는 내게 집중하며 하염없이 걸었고, 밤에는 난방과 온수 공급 없는 롯지에서 추위를 견뎌야 했다. 장기간 세수도 못 하고 머리도 못 감았다. 내 얼굴은 오랜 가뭄에 갈라진 논바닥 같았고 머리카락은 가발처럼 무거웠다. 그래도 그런 날들 속에서 원시적인 자유로움을 느꼈고, 다른 사람은 의식하지 않고 오롯이 내게만 집중하게 되었다.

남체, 딩보체, 로부제(4,990m)를 지나 고락셉(5,200m)에 도착하자 난 소변이 나오지 않고 숨이 잘 쉬어지지 않는 어려움을 겪었다. 얼굴은 퉁퉁 붓고 발목은 부르텄다. 이러다 죽는 것은 아닌지 두려움도 밀려왔다. 해발고도 5,000m에서 절반의 산소로 숨 쉬는 것은 견디기 힘든 고통이었고 기적이었다. 최악의 롯지인 고락셉에서의 하룻밤은 추위와 호흡 곤란으로 정말 극한의 체험이었다.

미지의 그리움을 찾아간 그곳에서
나는 또 다른 세상을 보았다.
히말라야는 그냥 단순한 산이 아니었다.
인간이 정복할 대상이 아니었다.
좁교, 말, 개, 야크, 나무, 꽃 그리고
우리 모두를 품고 있는 신 같은 존재였다.

날씨조차 변화무쌍하여 우리가 어찌할 수 없게 만들었다. 그저

빈들레와 리마

바라고 기도하며 발끝만 쳐다볼 뿐이었다. 사가르마타, 아마다
블람, 꽁데, 촐라체, 로체, 탐세루크 등 아름답고 웅장한 고봉들
을 내 눈과 마음에 담았다.

에베레스트 이 길은 "한 번도 안 온 사람은 있어도 한 번만 온
사람은 없다."는 말이 있다. 이곳에는 아름답고 장엄한 풍경과는
다른 표현할 수 없는 그리움이 있다. 가장 추웠고 힘들었던 그곳
에서 난 그리움을 안고 왔다. 철저하게 내게 집중하며 나를 마주

한 곳이었다. 지나온 내가 그리웠고 지나갈 내가 그리웠다.

　지금 내 가슴에 그 어떤 풍경보다 먼저 떠오르는 것은 자기 몸 무게의 몇 배에 달하는 짐을 메고 다니는 그곳 사람들의 모습이다. 그들이 짐 들고 가는 방식은 아주 특별하다. 가슴이 아니라 머리에 띠를 둘러 지탱한다. 가슴으로 하면 산소가 더 부족해지고 답답해져 그들도 고산병이 오기 때문이다. 그들 모두 가족들의 생계를 책임지는 가장이다. 히말라야의 또 다른 빛인 어린이들의 미래를 위해서 열심히 일하는 아빠, 형, 오빠들이다. 내가 트레킹을 위해 온 이 길이 그들에겐 삶의 길인 것이다. 이 길에 뿌린 그들의 땀과 눈물을 내가 어찌 가늠할 수 있을까.

　나의 길에 친구가 되어 준 따뜻한 미소의 가이드 지반, 리마, 빈들레, 비네도 오래 기억날 것이다. 나는 트레킹을 마치면 따뜻한 집으로 돌아간다. 하지만 나와 한국 노래까지 부르며 긴 시간 긴 거리 동안 동행해 준 예쁜 눈의 빈들레는 3일간 걸어서 집으로 돌아가야 한단다. 그것도 부모님은 돌아가셔 안 계시고, 돌봐야 하는 여동생만이 홀로 있는 집으로. 이곳 루크라에서 집으로 가는 교통편이 없다고 한다. 이 춥고 힘든 길을 삼 일이나 더 걸어가야 한다니. 난 눈물이 나고 가슴이 먹먹해졌다.

루크라 공항엔 계속 눈이 내리고 있다.

카트만두로 가는 비행기는 뜰 수 있을까?

난 또 이곳에 올 수 있을까?

확실한 것은 없다. 늘 그렇듯 그저 희망할 뿐이다.

〔늦지 않았어, 오늘이야〕

히말라야 품에 안겨 보다

2부

"하쿠나 마타타"를 외치다

자연의 선물 빅토리아 폭포의 거대한 감동,

끝없이 이어진 사막에서 바라본 하늘에서 쏟아지는 별,

많은 동물들이 자유를 누리고 있는 마사이 마라와 초베…

가장 기억에 남는 것은 아직 일어나지 않은 일에 대해

걱정하는 '나'에게 보내 준 그들의 따뜻한 인사와 미소다.

사막별 여행자를 꿈꾸며

교차로에서 차가 갑자기 멈춰 섰다. 벌써 두 번째다. 연식은 꽤 오래되었지만 운행할 일이 별로 없던 탓에 아직은 탈 만한 차였다. 운전을 시작하면서 나의 두 번째 친구가 되어 준 차다. 이제는 차를 바꿔야 하나? 이리저리 돈을 맞추어 보려니 머리가 아팠다. 어차피 일부분 할부를 해야 살 수 있다. 어떤 차를 구매해야 할지 인터넷을 보며 궁리하고 있었다.

그러던 중 대학 친구로부터 연락을 받았다. 아프리카로 한 달간 답사 여행을 계획하고 있다는 것이다. 이미 다른 일행들과는 오래전부터 계획했고 모든 준비가 되어 있는 상황이었다. 함께 가자는 이야기는 오래전에 들었지만, 선뜻 그럴 수가 없었다. 10년이나 된 애마가 8차선 도로 한복판에 멈춰 서는 당황스러움을 다시는 겪고 싶지 않았고, 여행 갈 돈이면 차를 바꾸는 것이 현실에 맞았다. 하지만 마음 한구석, 이번이 아니면 갈 수 없을 것 같은 열망이 생기면서 갈등하고 있었다.

한편으론 내가 있어야 할 자리에서 떠나거나 내가 할 일을 놓아 본 적이 없던 나는, 일상으로부터의 나의 부재가 불안했다. 여러 가지 생각이 날 흔들고 있었다. 나는 도대체 어떤 모습으로 살아가고 있는 것일까? 익숙한 공간에서 벗어나지 못하고 마음의 여유를 잃어버린, 소소한 일상의 행복을 잊은 채 살아가고 있는, 익숙함에 나이가 들어 버린 "나"를 발견했다.

얼마 전에 소설 『어린 왕자』의 현대판인 듯한 『사막별 여행자』라는 책을 읽었다. 가난하지만 소박하고 자유롭게 살아가는 유목민들의 이야기를 접하며, 비록 많은 것을 소유하지 않았지만 자유롭게 살아가는 그들의 모습에서 가끔은 사막별 여행자처럼 내가 속한 공간이 아닌 다른 곳을 느끼고 싶은 열망이 생겼다. 한편으로는 변화를 두려워하고 나와 다름을 인정하는 것에 인색한 "나"를 돌아볼 기회를 갖고 싶었다. 모든 것이 완벽하게 맞아떨어지는 타이밍은 없다는 걸 알면서도 늘 이런저런 핑계로 용기를 내지 못했던 나였다.

내 마음속에 숨어 있던 용기란 아이가 내게 말을 걸었다.

"지금 아니면 평생 못 가. 그리고 할 수 있어."

아프리카라고 하면 대부분 정글과 밀림을 연상하고 사막을 떠올리지만, 아프리카의 자연환경은 카멜레온처럼 변화무쌍하고 다양하다. 적도를 중심으로 열대, 건조, 온대기후가 차례로 나타난다. 적도에 위치한 나라는 연중 열대 기후지만 고산지대는 또 다른 모습이다. 북아프리카나 남아프리카의 해안은 유럽의 기후처럼 비교적 온화하고 사람들이 살기 좋은 지역이다.

다양한 기후만큼이나 정치적 사회적 상황도 복잡하다. 많은 나라들이 사막화 진행으로 기근과 가뭄에 시달리고 있고, 정치적 종교적 갈등으로 내전을 겪고 있는 나라도 많다. 이번 답사 지역은 아프리카에 속한 나라 중 비교적 치안이 안전한 동남부 아프리카 국가들이었다.

아프리카 답사를 가기 전에 준비해야 할 것들이 많았다. 한 달간의 장거리 여행이기 때문에 몸과 마음이 분주했다. 반드시 해야 할 것 중 하나는 적어도 출발 10일 이전에 황열병 예방접종을 하고 증명서를 발급받는 것이다. 뒤늦게 합류한 나는 서둘러 국립의료원에서 예방 주사도 맞고 여권이나 비자 문제 등을 처리하면서 바쁜 나날을 보냈다. 떠나는 날이 되어서야 비로소 답사를 간다는 실감이 들었다. 새해 초 자정을 넘겨 최초의 인류 '루시'의 고향을 향해 인천공항을 출발했다.

탄자니아 잔지바르섬

탄자니아에서 마주한 아픈 역사와 전설

직항편이 없어 서남아시아의 카타르 도하에서 비행기를 환승하고, 17시간의 비행 끝에 탄자니아 수도 다르에스살람에 도착했다. 나는 인천공항을 출발할 때의 활기찬 모습이 아니었다. 도하까지는 비행기가 크고 흔들림도 적어서 컨디션이 괜찮았다. 그러나 탄자니아행 비행기 안에서 입에 맞지 않은 기내식을 먹고는 위경련을 일으켜 일행들을 걱정하게 만들고 말았다. 내게 있어 17시간의 비행은 고행이었다. 앞으로 한 달간 다녀야 할 체력이 모두 고갈된 느낌이었다.

내게 아프리카의 땅을 처음 허락한 다르에스살람 공항은 아주 소박하여 우리나라의 시골 어느 간이역 같은 느낌이었다. 검은색 피부의 사람들을 보며 아프리카 여행의 시작이라는 흥분과

미지의 세계에 대한 두려움이 엇갈려 가이드나 친구들을 놓칠까 졸졸 따라다녔다. 모든 것이 낯설고 신기했다. 내가 아프리카 땅을 밟다니 믿어지지 않았다.

탄자니아의 수도 다르에스살람은 아랍어로 '평화로운 항구'를 뜻하며, 케냐의 몸바사와 함께 동아프리카 최대의 항구이다. 잔지바르 왕국의 유적지도 많으며 아프리카 각지로 연결되는 국제 항로의 중심지이기도 하다. 다르에스살람 도착 후에도 또 4시간의 배를 타야 했다. 우리의 첫 목적지가 노예시장의 근거지였던 인도양의 잔지바르섬이기 때문이다.

공항 도착 후 나의 여행 가방에 묶어 놓은 스카프가 없어졌다. 가방을 찾기 쉽게 해 놓은 표식이었는데, 풀렸는지 어쨌는지 잃어버리고 나니 마음이 씁쓸했다. 이번 여행을 위해 큰맘 먹고 구매한 내 여행 가방의 수난은 여기서 끝이 아니었다. 공항에서 배를 타고 가기 위해 항구 선착장으로 이동했다. 이동 중에 여러 명의 탄자니아 인들이 서로 몸싸움을 한다. 서로 내 가방을 들고 가겠다고 실랑이다. 팁을 받을 수 있는 기회를 얻기 위함이다.

전혀 언어가 안 되는 내가 난감하고 걱정스러운 표정을 짓자 계속 "하쿠나 마타타"라고 말한다. 아프리카에 와서 가장 많이 들은 말이다. 오래전 본 디즈니 애니메이션 영화에 "하쿠나 마타타"라는 노래가 나오는데 나도 모르게 흥얼거려진다.

"하쿠나 마타타."는 동아프리카에서 쓰는 스와힐리어로
'근심과 걱정을 모두 떨쳐 버려라, 걱정 말아요, 괜찮아요.'
라는 뜻이다. 참 마음 편하게 해 주는 인사말이다.

　그 인사말을 들으며 잔지바르섬으로 떠나는 배에 올라타는데
이번에는 그냥 가방을 던진다. 새로 사지 말고 헌 가방을 가져올
걸 후회했다. 이미 가방은 새 가방이 아니고 낡은 가방이 되어
가고 있었다. 여행의 고수는 가방 무게를 줄이기 위해 오히려 낡
을 옷을 입고 와서 여행 중에 버린다고 한다. 가방 역시 여행을
다니다 보면 엉망이 되니 헌 가방을 가져온다고 하는데 난 분명
초보자였다. 이번 여행을 위해 선글라스도 사고, 옷도 사고 가방
도 샀다. 흡사 아프리카에 화보 촬영을 온 듯한 모양새다. 어울
리지 않았고 이런 내 모습이 조금은 창피스럽기까지 했다.
　뱃멀미 탓에 울렁거리는 속을 쓸어내리며 겨우 섬에 도착한 나
를 맞이한 것은 백사장을 붉은빛으로 물들이는 아름다운 석양이
었다. 너무나 아름다운 섬이다. 잔지바르섬은 잔지(Zanzi: 흑인)와
바르(Bar: 사주해안)의 복합어로 '검은 해안'을 뜻한다. 과거 노예

무역의 근거지로, 아픈 역사를 안고 있는 곳이다.

탄자니아는 우리나라의 4.3배의 면적에 아프리카 동부 인도양에 면한 나라로, 고고학자 리키 박사가 올두바이 유적에서 화석 인골을 발견한 후, 가장 오래된 인류의 땅으로 여겨지고 있다. 7세기부터 페르시아와 아랍과의 교역이 활발해지면서 아랍인들이 정착하기 시작하였고, 15세기말 바스코 다가마가 다녀간 뒤로 한때 포르투갈의 지배도 받았다. 탄자니아는 제2차 세계대전 후 영국의 신탁통치령이었던 탕가니카와 영국보호령이었던 잔지바르가 합병하여 1964년 성립된 나라이다.

국토는 해안 쪽의 평야와 내륙의 고원지대로 이루어져 있으며 5,895미터의 킬리만자로산과 동아프리카 지구대에 형성된 탕가니카호, 니아사호, 빅토리아호를 끼고 있다. 전형적인 열대기후로 높은 기온과 습도를 보이고, 연 강수량도 많은 곳이다. 전 국토의 30% 이상이 삼림지대이며 세렝게티 국립공원이 포함되어 있고 국토의 절반 이상은 목초지나 방목지라고 한다.

사람들은 대부분 농업에 종사하고 농업이 GDP의 거의 절반을 차지하며 탄자니아 경제의 근간을 이룬다. 하지만 농업을 위한 토지는 협소하고 관개시설도 미비하여 자연 강우에 의존하고 있다고 한다. 옥수수, 카사바, 쌀, 사탕수수 등을 생산하고 커피나 차, 면화를 경작하여 수출하고 있다. 농산물과 광산물 등 1차 상품의 수출에 의존하는 경제 구조상 국제가격 불안정의 영향을 크게 받고 있다. 가난하지만 탄자니아 사람들의 미소는 참 따뜻했다.

잔지바르섬에는 아랍 지배자들의 궁전 유적과 노예무역 시대의 유적이 섬 전체에 퍼져 있었다. 인간이 인간을 사냥하고 팔아넘겼던 노예시장에서 아프리카인의 눈물이 느껴졌다. 노예시장이라니…. 인간이 인간을 팔아넘기는 비인간적인 행위가 오래 지속된 현장에는 피비린내가 나는 듯했다. 노예는 인원수가 아닌 무게로 달아 팔았다고 한다.

노예선에 태우기 전 사람들을 모아 놓았던 방은 방이라고 볼 수 없었다. 창문 하나 없는 폐쇄된 곳에 수십 수백 명씩 집어넣었다고 한다. 그 방 안에 물이 흐를 수 있게 긴 홈이 파여 있고, 그것이 화장실이다. 분뇨를 그대로 바다로 흘려보낼 수 있는 하수구가 방 안에 있는 구조였다. 이 어둠의 방에서 얼마나 많은 사람들이 죽음의 공포로 두려워했을까?

인도양 해상의 이 섬에서 대항해시대
400년간 아랍과 유럽의 노예로 끌려다닌

이들에게 무슨 희망이 있었겠는가?

당시 사람들에게는 기도밖에 방법이 없었으리라.

지금은 많은 여행자들이 가 보고 싶은 섬으로 낙원이라고 불리지만 당시에는 죽음의 섬이요 죽음의 바다였다. 가슴이 아려 온다. 적어도 2,000만 명, 아니 3,000만 명 그보다 더 많은 5,000만 명이 넘을 수도 있고 한다. 노예선을 타고 여러 달 또는 여러 주에 걸쳐서 끌려갔으니 정확한 통계를 낼 수도 없다고 한다. 항해 도중에 죽거나 바다에 던져졌을 테니까. 30명 정도 실을 수 있는 작은 배에 500명까지도 실었다고 한다. 마지막 순간까지도 배에서 탈출을 시도하다 바다에 빠진 사람도 많았을 것이다. 이 아름다운 잔지바르섬의 바다색이 예사롭게 보이지 않았다.

잔지바르섬에서 플랜테이션 농업이 행해지고 있는 스파이스 농장을 방문했다. 우리나라에서는 볼 수 없는 신기한 열대작물들을 구경할 수 있었다. 농장을 걷다 보니 열대 기후에 와 있는 게 느껴졌다. 뜨거운 열기가 확 올라왔다. 안내하는 청년이 작물들을 냄새를 맡아 보라 하여 여러 향신료의 특별한 냄새도 맡아 볼 수 있었다.

탄자니아에서 가장 기대가 되는 곳은 전설적인 록 그룹 퀸의

잔지바르의 노예시장의 조형물

탄자니아 스파이스 농장의 립스틱 나무

보컬인 프레디 머큐리의 집에 가 보는 것이었다. 고등학교 때 푹 빠져 듣곤 했던 〈보헤미안 랩소디〉와 〈Love of my life〉. 그때는 가사 내용도 잘 몰랐고 머큐리의 개인적인 삶도 잘 몰랐다. 최근에서야 영화 〈보헤미안 랩소디〉를 통해 머큐리의 삶을 조금 이해하게 되었다.

"내가 누구인지는 내가 결정해."
주체적으로 살고자 했던 프레디의 자존감이
드러나는 대사가 특히 기억에 남는다.

그리고 그의 뮤즈 메리 오스틴한테 했던 "내 인생에 머물러 줘."라는 대사가 인상 깊었다. 프레디 곁에 아무도 없던 힘든 시기에도 프레디의 과거, 현재, 미래까지를 온전히 다 품고 지켜봐 준 메리 오스틴. 그들의 애정을 넘어선 우정이 감동으로 다가왔다. 그녀에게 바친 곡인 〈Love of my life〉는 내가 지금까지 가장 아름답다고 생각하는 사랑의 노래이다.

전설적인 프레디 머큐리가 태어나서 어린 시절을 보낸 집이지만, 길을 가다가 지나칠 수도 있는 곳이었다. 외양은 소박했지만 위대한 전설이 태어나 자란 곳이어서인지 박물관처럼 느껴졌다.

프레디가 자란 곳이라고 하니 친근감이 들었고, 그의 노랫소리가 귓가에 들리는 듯했다. 프레디 머큐리의 사진들을 감상하고 그의 집을 나섰다. 잔지바르의 모래 해변은 더욱 반짝이며 빛나고 있었다.

〔 늦지 않았어, 오늘이야 〕

잔지바르 프레디 머큐리 집 앞에서

잔지바르 청년의 미소와 행운

너무 힘든 밤이었다. 모기와 더위에 시달리고 숙소 밖에서는 계속 사람들이 떠드는 소리가 났다. 머리 위에서 돌던 낡은 선풍기도 목이 꺾일 듯한 비명 소리를 내고 있어 갑자기 천장에서 떨어질 것 같은 불안감을 지울 수가 없었다. 그나마 더위를 달래주는 선풍기마저 돌다가 멈춰섰다. 유난히도 더웠던 밤을 보낸 뒤 맞은 아침은 햇살이 비친 바다와 함께 시원하고 평온했다.

생선 냄새가 코를 찌르는 야시장은 인도양에서 잡아 온 다양한 해산물들과 사람들로 북새통이었다. 탄자니아 사람들의 사는 모습을 직접 볼 수 있고, 여행에선 빠질 수 없는 것이 바로 나이트 마켓. 새우구이 정도를 기대하며 찾아보았는데, 보이지 않았다. 나의 식생활의 문제점은 내가 잘 알고 있다. 여행을 좋아하면서

잔지바르 야시장

도 새로운 음식에 대한 도전이 부족할 뿐만 아니라 거부감마저
느낀다. 한국 음식에만 길들여진 순 토종 입맛이다.

다양한 생선구이들이 보였지만 생선의 생김새도 낯설어 선뜻
먹기가 어려웠다. 나는 감자, 고구마, 옥수수와 같은 구황 작물
을 좋아한다. 엄마를 닮았다. 그래서 우리의 감자와 고구마 같은
뿌리 식물이며 이곳에서 주식으로 많이 먹는 카사바에 관심이
갔다. 하나를 사서 먹어 보니 정말 아무 맛도 느낄 수 없어 더 이

카사바

잔지바르 청년

상 먹을 수 없었다.

　땀을 비 오듯이 흘려 가며 기다란 식물을 즙으로 만들어 파는 청년을 보았다. 시원한 음료수 한 잔 먹고 싶었는데 알고 보니 사탕수수를 즙으로 짜서 파는 것이었다. 손으로 돌려 짠 뒤 체에 걸러 컵에 따라 준다. 음료를 건네주던 탄자니아 청년의 미소는 천진하다.

　행여 길을 잃을까 친구 손을 꼭 잡은 채, 복잡한 야시장을 다니며 이것저것 먹어 봤지만, 전혀 먹은 것이 없는 것 같았다. 그러다 드디어 내 입맛에 맞는 것을 발견했다. 잔지바르 피자. 피자를 만들어 파는 청년은 우리나라 중학생 정도로 어려 보였고, 나름 모자도 쓰고 팬도 닦아 가며 우리나라의 녹두빈대떡 부치듯 피자를 만들어 준다. 손으로 토핑으로 토마토도 잘라 올리고 이것저것 첨가하며 만드는 피자는 따뜻한 미소를 가진 청년의 정성때문인지, 야시장에서 맛본 음식 중 가장 내 입맛에 맞았다.

　땀을 흘려 가며 사탕수수를 짜서 만든 음료를 건네주던 청년과
　잔지바르 피자를 만들어 팔았던 앳된 얼굴의 청년의 미소는
　늘 부족하게만 느끼고 불평하며 살아온 나에게
　오랫동안 따뜻하고 잔잔하게 기억에 남을 것 같다.

잔지바르섬의 투어를 마치고 배를 타고 다시 수도인 다르에스
살람으로 돌아와서 우리는 동아프리카의 맹주국인 케냐의 나이
로비를 향하는 비행기에 몸을 실었다. 피곤한 몸으로 잠시 눈을
감으려는 순간 비행기에서는 함성들이 터져 나왔다. 창밖으로
아프리카에서 가장 높은 킬리만자로산이 보이고 있었다. 일 년
내내 구름에 가려 있어 아주 큰 행운이 아니고는 산 정상을 볼
수 있는 기회는 거의 없다고 한다. 여기저기에서 카메라 셔터를
눌러 대는 소리가 들렸다.

　킬리만자로산은 지구의 지각을 통해 폭발한 것 중 가장 큰 화
산이며 탄자니아와 케냐의 경계에 위치하고 있다. 적도 가까이
에 있으면서도 해발 5,895m이기 때문에 정상은 늘 빙하와 눈으
로 덮여 있다. 킬리만자로는 스와힐리어로 '빛나는 산' 혹은 '하얀
산'이라는 뜻이다. 하지만 킬리만자로의 빙하도 지구 온난화로
인해 2020년이면 사라진다니 안타까웠다. 언젠가 마다가스카르
처럼 섬으로 변하는 것은 아닌지 모를 일이다.

탄자니아에서 케냐로 가는 비행기에서 찍은 킬리만자로

미국 오바마 전 대통령의 뿌리, 야생동물의 왕국, 사파리, 커피, 마라톤이 떠오르는 나라, 케냐. 나이로비 공항에 도착하자마자 우리를 맞이한 것은 'SAMSUNG'과 'LG' 우리나라 기업들의 간판이었다. 이곳 검은 대륙까지 우리나라 기업들이 진출해 열심히 활동하고 있구나 하는 생각에 새삼 대단하게 느껴졌다.

케냐는 한반도 면적의 약 3배 크기며 인구도 많은 동부 아프리카의 맹주국이다. 가장 용감한 종족인 마사이 마라족의 고향인 수도 나이로비는 인구가 가장 많은 도시이다. 케냐의 원주민은 부시먼족 계통이었으나 아라비아 반도로부터 소말리아와 에티오피아를 경유하여 햄족과 셈족이 남하하였고, 인도양과 접한 관계로 아랍인, 인도인, 페르시아인도 들어와 거주했다고 한다.

15세기 말 이후에는 포르투갈인까지 들어와 아랍인과 쟁탈전을 벌였으며 19세기에는 영국의 동아프리카 회사가 특허회사로 점령하여 이 지역의 무역을 독점했다.

1964년에 독립한 후 케냐타가 1대 대통령으로 취임하면서 성공적인 경제성장을 보이는 등 국가적인 잠재력을 가지고 있음에도 오늘날까지도 부정부패, 종족 갈등, 범죄, 테러리즘, 자연재해 등으로 아직은 갈 길이 먼 나라다.

탄자니아보다 화려하고 많은 사람들로 북적이는 모습이 활기차 보였고, 패셔너블한 미인들도 많아 보였다. 피부가 검어 처음에는 눈에 띄지 않았지만 자세히 보니 피부에 윤기가 나고 반짝이는 미인들이 많았다. 나도 역시 피부 노화 방지에 관심 가는 오십 대의 여자라 어쩔 수 없나 보다.

첫날 묵은 곳은 나이로비의 도심에 있는 호텔이었다. 우리나라의 명동 같은 곳. 한국으로 돌아온 후 그 지역에 폭탄 테러가 발생했다는 소식을 듣고는 등에 식은땀이 났다. 비단 케냐 나이로비만의 문제가 아니라 아프리카의 식민지 잔재의 아픔은 여러 곳에서 나타난다.

지질학적으로도 가장 오래된 땅이요 인류역사상

151

가장 오래된 인류가 태어난 최초의 대륙인 이곳은

국가의 통치가 없이도 부족끼리 평온한 삶을 영위해 왔다.

아름답고 순수하고 평온했던 이 지역에

제국주의가 남긴 상처는 너무나도 크고 깊다.

갖은 약탈도 모자라서 제국주의의 몰락과 함께 식민지를 독립시킬 당시 유럽 여러 나라들이 종족의 분포는 전혀 고려하지 않고 나라들을 쪼개서 독립시킨 탓에 끊임없는 내전과 갈등을 초래하고 있다.

원주민들의 안녕을 위하고 문화적인 것을 고려한다고 했지만 실제로는 자기들끼리의 갈등을 피하고 오히려 아무런 제약 없이 지속적인 약탈을 계속하기 위함이었다. 진정한 독립이 아니었던 것이다. 이번 답사 코스도 비교적 내전도 발생하지 않고 안정된 나라들을 다니는 것으로 계획했지만 안전한 곳은 없어 보였다.

케냐 서쪽은 완만한 고원지대이지만 중부는 동아프리카 지구대가 통과하여 해발 2,000m 이상의 높은 고원이며 동부는 해안지대이다. 대부분의 지역은 열대 사바나 기후 지역으로 야생동물의 서식지를 형성하지만, 중부 고원지대는 고산 기후의 특징을 보인다.

나이로비 서민들의 삶

　먼저 답사했던 탄자니아는 전형적인 농업국가로 소득은 낮지만, 탄자니아의 사람들은 온화하고 따뜻한 미소의 얼굴을 가지고 있었다. 그에 비해 케냐는 더욱 풍부한 자원과 많은 인구로 가장 빠른 경제성장을 하는 나라라고 해서 기대가 컸음에도, 나이로비 시민의 얼굴에는 미소가 없었다.

　나이로비 공항을 벗어나 시내로 들어가는 길은 거의 주차장처럼 변해 버렸고 무질서한 교통으로 우리가 탄 차는 움직이질 않

케냐 나이로비의 아이들

날 버티게 해 준 바나나와 망고

앗다. 나이로비의 도심에는 대저택이 즐비하고 고급 승용차가 늘어서 있었으며 현대적인 빌딩이 숲을 이루어서 낮에는 비즈니스맨들이 거리에 넘쳐나고 있었다. 하지만 한쪽으로 보이는 길거리는 지저분하고 어수선하다. 가난한 판잣집들과 가판대에서 물건을 팔고 있는 서민들의 모습은 도시 속 빈곤층의 삶을 적나라하게 보여 주고 있었다.

길거리에 무리 지어 떠도는 아이들도 만났다. 부모들이 생업에 바쁘니 방치된 아이들이었다. 내 작은 가방 속에 비타민제가 있어서 건네주니 아주 시다는 표정을 지으면서도 천진난만하게 웃는다. 이 아이들이 케냐, 더 나아가 아프리카의 밝은 희망이 되었으면 좋겠다.

텔레비전 프로그램을 통해 접했던 '동물의 왕국' 케냐는 '매연 천국'이었다. 동물의 최대 서식지인 케냐라고 해서 청정 지역일 것이라고 생각한 나의 기대는 여지없이 무너졌다. 호흡이 불가능할 정도의 매캐한 매연이 너무나 괴로워 빨리 나이로비를 떠나고만 싶었다. 짧은 시간이었지만 경제성장 뒤에 가려진 슬픈 현실을 엿볼 수 있었다.

케냐의 나이로비에는 아름다움과 추함이 혼재되어 있었다.

이것이 비단 아프리카의 현실만이 아닐 것이다.

우리 또한 그 혼재 속에 존재하고 있는 것이 아닐까?

탄자니아와 케냐도 극과 극이었지만 케냐인들의 삶도 그 안에서 또 다른 극과 극을 이루고 있었다.

마사이 마라 국립 보호구 2박 3일 캠핑

우리 일행은 케냐의 남서부에 위치한 마사이 마라 국립 보호구로 이동했다. 이곳은 빅토리아호와 그레이트 리프트 밸리 사이에 있으며 탄자니아의 세렝게티 국립공원과 인접해 있다. 4만 마리의 얼룩말과 1,300만 마리의 누 떼가 먹이를 찾아 세렝게티와 마사이 마라를 이동하는 장관으로 유명한 곳이다. 이곳에서 우리 일행은 사파리 게임 드라이브를 하고 마사이족들이 사는 마을을 탐방하는 2박 3일간 캠핑장에서 야영을 했다.

동물들이 가장 많이 활동하는 시간대인 새벽에 드라이빙 사파리를 나갔다. 사파리를 나가기 전에 중요한 주의 사항 몇 가지를 들었다. 절대 개인적인 행동을 해서는 안 되고, 먹을거리를 주어서도 안 되며, 진한 향수를 뿌리면 안 된다는 것이었다.

마사이 마라의 새벽

새벽어둠 속에 싸인 풍경은 장관이었다. 밤새 활동했던 동물들이 새벽잠에 빠진 것인지 유난히도 고요하다. 이리도 아름다운 곳에 어디선가 불쑥 사자가 나타날 것 같기도 하고, 사자에게 희생된 톰슨가젤의 사체가 나뒹굴 것 같은 불안함이 엄습해 왔다. 총만 안 들었지, 영화 속 사냥꾼의 자세가 저절로 취해졌다.

덜컹거리는 지프의 난간을 잡고 '아프리카의 빅 5'라고 하는 사자, 버팔로, 표범, 코끼리, 코뿔소를 찾아보느라 시간 가는 줄 몰

마사이 마라의 **톰슨가젤**

랐다. 마사이 마라 국립공원의 경치는 새벽 일출에서 장관을 이
룬다. 너무나 예쁜 그랜트가젤과 톰슨가젤은 약육강식의 초원에
서 가장 많이 희생되는 동물이라니 안타까웠다.

  토피, 아카시아의 가시를 피해

  연한 잎사귀를 뜯어 먹고 있는 기린,

  유유자적 돌아다니는 버팔로의 무리들….

생명체 하나하나 그대로 살아 숨 쉬는

야생의 자연을 고스란히 느낄 수 있었다.

이곳의 비주얼 담당은 역시 기린과 얼룩말이다. 기린은 목이
유난히 길어 기형적으로 보였지만 녀석들의 롱 다리는 참 부러
웠다. 얼룩말의 무늬는 강렬하다 못해 섹시했다. 지브라 패턴이
오랫동안 사랑받는 이유를 새삼 깨달았다. 얼룩말들은 사진을

마사이 마라의 얼룩말 가족

마사이 마라의 버팔로

마사이 마라의 사자

찍는 내내 뒷모습만 보여 주어 아쉬웠다.

얼룩말과 달리 너무 못생겨서 눈길이 가는 동물은 버팔로다. 버팔로는 피부가 검고 뿔이 아주 강인해 보였다. 무서워서 차량으로도 가까이 다가갈 수 없었다.

드디어, 이곳 동물의 세계에서 왕따처럼 앉아 있는 사자를 만났다. 포식자의 위압감 때문인지 모두 멀리하는 모습이다. 당당한 모습의 사자는 늘 평온하게 지내고, 눈앞에 보이는 동물들을 잡아먹으며 제왕으로서 군림하는 줄 알았다. 그런데 그게 아니었다. 가까이서 관찰하니 사자는 아주 작은 벌레들의 괴롭힘을 당하고 있었다.

정글의 왕조차 작은 벌레들을 당해 내지 못하는 것을 보니 불쌍하기도 하고, 우습기도 했다. 가장 위험한 적은 멀리 있는 것이 아니라 오히려 눈앞에 있었고, 너무 가까워 보이지도 않는 곳에 있었다. 난 이 모습이 참 신기하였다. 내가 알아 왔던 사자의 모습은 아니었다. 아프리카의 왕은 사자가 아니라 모기와 곤충인 듯하였다.

마사이 마라 국립공원 안에서 마사이 마라강을 답사했다. 우기 때에는 누 떼를 비롯한 많은 동물들이 먹이를 찾아 이곳에서 탄자니아의 세렝게티로 이동한다고 한다. 누 떼와 물소 떼를 배경으로 사진을 찍으려고 차에서 내려 강가로 가까이 갔다가 큰일 날 뻔했다. 악어였다. 강에 떠다니는 악어를 보다가 강가에 있는 녀석들을 미처 보지 못했다. 화들짝 놀라 지프에 뛰어 올라탔다. 인생 사진을 건지려다 목숨을 잃었다는 해외토픽 사건들이 떠올라 등골이 오싹했다. 사진 찍으려다 배고픈 악어의 식사 거리가 될 뻔했다.

이들이 사는 세상 속에 나는
반가운 존재가 아닌 침입자일 수밖에 없고,
이곳 자연에서 인간은 먹이사슬의
최상위 포식자도 아니라는 것을 깨달았다.

때로는 흥분되어 탄성을 지르기도 하고 때로는 놀라서 비명을 지르기도 한 드라이빙 사파리를 마치고 마사이 부족이 사는 마을을 방문했다. 마사이 점핑이란 마사이족 전사의 춤은 한두 명이 하늘 높이 솟아오르며 추는 춤이다. 따라 해 보니 땀도 나고 제법 신이 났다. 또 마사이족이 사는 흙집의 내부를 보여 주는데, 우리나라 민속촌과 같이 실제 거주하지 않으면서 꾸며 놓은 것 같은 인상을 받았다.

마사이족은 여기 케냐와 탄자니아의 초원지대에 살고 있는 종족인데 원래는 나일강 상류 쪽에서 농사를 짓고 살다가 남쪽으로 내려왔다고 한다. 3, 4년마다 옮겨 다니는 유목 생활을 하고 반원형의 낮고 작은 진흙집에서 주로 산다. 대체로 키가 크고 날씬한 체형이었다. 그래서 달리기를 잘하나 보다.

남자들은 15살 정도만 되면 싸움을 할 수 있는 전사가 되며 남자 중심의 몇 가구가 모여 마을을 이루며 산다. 그리고 그곳에서 마사이족 여러 명이 핸드폰도 사용하고 있는 것을 보고 살짝 놀랐다. 난 아직도 이곳이 외부세계와 단절된 곳이라고 착각했다. 나의 선입견과 순진함과 어리석음에 새삼 놀랐다.

이곳 역시 내가 알고 있는 폐쇄적인 아프리카가 아니고 문명세상과 소통하고 있는 곳이었고, 자본과 시장이 존재하는 곳이

마사이 마라의 마사이족 청년들

마사이족 청년

었다. 나중에는 전통 공예품을 강매하는 모습에서 씁쓸함마저 느껴졌다.

마사이족이 사는 마을에서 밤하늘에 쏟아지는 별들을 바라보며 야영을 했다. 제법 큰 텐트였는데 신기하게도 텐트 안에 화장실까지 있었다. 천막집인 셈이다. 그러나 물은 나오지 않아 물티슈로 땀과 먼지로 범벅이 된 얼굴과 몸을 씻어야만 했다. 아침 식사로 제공된 빵이 유일하게 입맛에 맞아 맛있게 먹었는데 먹다 보니 곰팡이가 펴 있었다. 신라의 원효 대사는 해골 물을 마시고 깨달음을 얻었다지만, 나는 곰팡이 핀 빵을 먹고 두드러기를 얻었다.

2박 3일간의 캠핑은 열악하지만 마사이족 마을에서의 숙박이란 엄청난 경험을 남겨 주었다. 그리고 상한 빵을 먹고도 장염에 안 걸린 것은 천만다행이었다. 귀하고 소중한 것들은 늘 그렇듯 떠나고 나면 보인다.

일상에 있을 때 알 수 없었던 소소한
행복과 편안함이 벗어나고 보니 간절하다.
문득 나의 일상이 그리워졌다.

아프리카 적도에서 떠올린 얼굴

　원래 일정상 계획에는 없었지만 아프리카의 적도를 밟아 보자는 일행들의 의견이 있었다. 마사이 마을의 탐방이 끝나고 아프리카의 적도 지점으로 향했다. 적도 지점에 도착하여 기념촬영 후 실험을 해 보았다.

　물을 가득 담은 그릇에 나뭇잎을 떨어뜨린 결과, 적도 지점에서는 움직임이 없었는데 북으로 가서 실험하니 시계 반대 방향으로, 남쪽으로 가서 실험하니 시계 방향으로 움직이는 것이었다. 전향력에 의한 현상이다. '코리올리 힘'이라고도 불리는 전향력은 지구의 자전에 의해 발생되는 가상의 힘이다. 적도에서는 콜럼버스처럼 달걀의 밑 부분을 깨지 않고도 똑바로 세울 수 있다는데 아쉽게도 그 실험은 해 보지 못했다. 정말일까?

또, 적도 지점에서는 남극과 북극 양쪽에서 잡아당기는 힘 때문인지 눈 감고 똑바로 걷기가 힘들었다. 한쪽으로 기울면 기운 쪽으로 넘어지고 만다. 결국, 몇 발자국 걷다가 포기했다. 북쪽에 있으면 내 몸이 시계 반대 방향으로 돌 것 같은 착각을 일으킨다. 신기하고 놀라웠다. 세계지도 중앙에 항상 일직선으로 그어져 있던 그 선을 밟고 내가 서 있다니.

문득 땅에 선을 그어 놓고 놀았던
어린 시절이 떠오른다. 금 밟으면 죽는 놀이.
그래서 빠르게 북반구 쪽으로 한 걸음 옮겨 본다.
속으로 나도 모르게 웃음이 나온다.

이곳의 기념품 가게에서 여러 개의 지구본을 샀다. 어렸을 적, 세계지도와 지구본을 좋아했다. 우리나라 땅이 엄청 작다는 걸 지구본을 통해 처음 알았고, 가고 싶던 나라들과 도시들을 가늠해 보곤 했었다. 서양 문명의 발상지라는 아테네와 쿼바디스의 검투사들이 싸웠던 로마의 콜로세움, 그렇게 신비롭다는 모나리자의 미소를 볼 수 있는 파리의 루브르 박물관, 크기가 엄청나서 왕관에 전망대가 있다는 뉴욕의 자유의 여신상. 지구본을 돌려

가며 직접 다니며 구경하는 상상을 했었다.

또, 그즈음에 세계 지도들 펴 놓고 세계 여러 나라 이름과 수도를 외우곤 했었다. 아빠가 나라 이름을 말하면, 그 나라의 수도를 맞히는 놀이를 동생과 경쟁하며 했었다. 흐뭇해하시며 머리를 쓰다듬으시던 아빠가 생각났다. 작은 나라의 작디작은 지역에서 태어난 딸이 우물 안 개구리가 되길 원치 않으신 것인지 모르지만 어디를 가든 유독 나를 데리고 다니시던 아빠였다.

그 재미난 놀이를 했던 시간도 벌써 사오십 년이 지났고 아빠가 안 계신 지도 십수 년이 지났다. 누구에게나 그렇듯 어린 시절 그렇게 가지 않던 시간은 어른이 되면 왜 그렇게 빨리 가는 것일까? 어느 결에 70도 넘어 80이 될지 몰라 달려가는 시간이 두렵기까지 하다. 한 가지 분명한 것은, 그때가 되면 지금의 나를 그리워하고 지금 이 시간을 추억하게 되리라는 것이다. 훗날의 내가 아름답게 기억할 수 있게 지금의 내가 소중히 살아야 한다는 생각을 했다.

그때의 아빠가 내게 남겼듯, 나 또한
누군가에게 한 가닥 추억으로 남을 것이다.
아프리카의 적도에서 아빠 생각이 날 줄은 몰랐다.

아프리카 적도를 가다

적도에서 코리올리 효과 실험을 하다

아프리카는 나의 노래를 알까

　나이로비에서 차량으로 3시간가량 떨어져 있는 200만 마리의 홍학 서식지로 유명한 세계 최대의 나쿠르 국립공원을 방문했다. 이곳에서 마사이 마라 국립공원에서 보지 못했던 코뿔소 무리를 보았다. 몸이 무거워 서 있기도 힘들어 보였다. 많은 코뿔소들이 누워 있었다. 얼마나 몸집이 큰지 정말 집채만 해 보였다. 또, 수많은 이름 모를 새 떼들을 보며 이곳이 지구상에서 가장 위대한 조류의 천국이라는 말을 실감할 수 있었다.

　〈아웃 오브 아프리카〉라는 영화에도 많이 등장했던 나쿠르 국립공원에 도착하니 메릴 스트립과 로버트 레드포드가 주연을 맡았던 카렌과 데니스의 운명적인 사랑이 떠올랐다. 카렌에게 있어 인생의 나침반과 같은 남자 데니스. 그들의 사랑은 이루어지지 못했다. 이루어지지 않았기에 진한 그리움이 되었다. 어찌 보면 그리움은 더 깊은 사랑의 다른 모습이리라.

특히 카렌과 데니스가 경비행기를 타고 홍학 떼를 바라다보는 장면에서 나왔던 음악은 너무나 유명하다. 바로 모차르트의 클라리넷 협주곡 2악장. 나도 모르게 흥얼거려진다.

덴마크 출신의 카렌 블릭센의 자전적 소설을 영화화한 것으로 결혼과 일, 모두 것이 실패로 끝나지만 아프리카에서 다시 역경에 맞서는 멋진 여성이었다. 카렌의 마음에 남아 있는 아프리카는 사람에 대한 추억과 사랑과 그리움의 기록이었다. 그녀가 지나간 모든 시간들은 흔적을 남겼다. 이곳 케냐에….

난 과연 어디에 어떤 흔적을 남기고 있는 것일까?
누군가 "지금까지 지나온 길은 중요하지 않아.
앞으로 갈 길이 중요하지."라고 말해 주면 좋겠다.
후회가 더 많아지는 요즈음이다.

17년간 케냐에 살면서 겪었던 특별했던 경험들의 기록으로 인해 케냐에는 지금도 지역 이름, 도로 이름, 건물 이름에 카렌의 흔적이 많다. 실제 카렌 브릭센이 살았던 저택에 가 보았다. 그

집에는 데니스가 카렌의 머리를 감겨 주었을 때 사용했던 하얀 물 주전자는 물론, 침대, 거울, 빛바랜 사진, 멋진 탁자와 찻잔까지 전시되어 있어 그 시절의 생활상도 엿볼 수 있었다. 정원 옆 엄청나게 큰 나무들 위로 하얀 구름이 떠 있었다.

　이곳은 다행히도 나이로비의 매연과 소음에서 자유롭다. 카렌의 집에서 그 시절의 생활문화 이외에도 카렌의 사랑, 슬픔, 그리움이 느껴졌다. 그녀가 이곳에서 품었던 열정의 힘은 무엇이었을까? 아마 데니스에 대한 사랑이었으리라. 카렌도 끝내 덴마

나쿠르 국립공원의 코뿔소

크로 돌아가지 못하고 아프리카에 살게 될지 알지 못했으리라. 우리 인생이 어디에서 어떻게 이뤄질지 알 수 없다. 나 또한 어디에서 어떻게 살게 될지 모르는 일이다.

"만약 내가 아프리카의 노래를 안다면

기린들과 그 등 위에 떠 있는 달과

땀에 젖은 얼굴들의 노래를 안다면,

아프리카는 나의 노래를 알까?"(카렌 블릭센)

카렌의 집 정원에서

지상 최대의 선물, 빅토리아 폭포

빅폴이라고도 부르는 빅토리아 폭포(Victoria fall)는 잠비아와 짐바브웨 사이에 흐르고 있는 길이 2,740㎞의 잠베지강에 위치하고 있다. 아프리카 최대이자 세계 3대 폭포 중의 하나로 영국의 탐험가 데이비드 리빙스턴이 발견하였으며, 영국 여왕의 이름을 따서 명명한 것이다.

원주민들은 이곳을 "모시 오아 툰냐"라고 불렀다. 천둥소리가 나는 연기라는 뜻이다. 멀리서도 천둥소리가 나며 맑은 날에도 하늘로 내리는 물방울로 가득 차 있는 곳이다. 폭과 높이가 나이아가라의 2배 이상으로, 낙차가 큰 곳은 108m에 이른다고 한다. 이 폭포의 수량을 이루는 잠베지강은 앙골라에서 발원하여 보츠와나를 거쳐 빅토리아 폭포에서 잠비아와 짐바브웨의 국경을 계속 흘러가 결국 인도양의 품에 안긴다.

잠비아라는 국명은 잠베지강에서 유래했다고 한다. 잠비아는 잠베지강 유역의 남서부와 콩고강 분지 및 동아프리카의 지구대의 일부인 북동부로 이루어져 있다. 잠비아의 기후는 5, 6, 7월이 겨울 건기이며 10, 11, 12월이 여름이고 우기에 해당한다. 잠비아는 내륙국으로 광업에 의존하는 경제구조로 광업 노동자 및 기타 산업 노동자와 농민들의 소득 격차가 크다. 에이즈 감염 비율이 상당히 높고 기대 수명이 아주 짧은 나라다.

짐바브웨는 1980년 소수의 영국계 백인이 다수의 아프리카 흑인을 지배하며 극심한 인종 차별정책을 취했던 남로디지아가 독립하면서 생긴 나라다. 에이즈 감염률과 유아 사망률이 높고 기대 수명 역시 40세 정도이다. 경제성장률은 수년째 마이너스이고, 높은 실업률과 극심한 인플레이션으로 최악의 경제난을 겪고 있는 나라이다.

빅토리아 폭포는 이 두 나라를 왔다 갔다 하면서 보게 된다. 케냐의 나이로비를 떠나 잠비아의 수도인 루사카로 향했다. 유럽에서 온 이주자들에 의해 마을의 추장 이름을 따라 붙여진 루사카에서 잠시 머문 우리는 버스로 7시간 동안 달려 역사적인 도시 리빙스턴에 도착했다. 이 도시의 이름은 1855년 빅토리아 폭포를 발견한 영국의 탐험가 리빙스턴의 이름을 기념하여 붙인 것이다.

우리는 먼저 박물관을 방문했다. 리빙스턴 박물관은 잠비아의 국립박물관으로 인류학적, 고고학적 수집품 등이 전시되어 있고, 잠비아의 역사와 리빙스턴의 개인 유품과 편지 등도 볼 수 있었다.

그 후 리빙스턴을 떠나 6,000여 명의 사람이 살고 있는 잠비아

무쿠니 마을의 어린이

전통 마을인 무쿠니 부락으로 갔다. 내게로 몰려드는 무쿠니 부락의 어린이들은 눈동자가 너무 예뻤다. 아이들과 기념사진도 찍고 마을 사람들이 직접 손으로 만들어 파는 아프리카 전통 공예품인 목각인형을 샀다.

빅토리아 폭포를 보러 가는 동안, 귀청을 두드리는 폭포수 소리에 심장이 덩달아 뛰기 시작했다. 팸플릿에 나와 있는 빅토리아 폭포의 데빌스 풀은 말 그대로 악마의 수영장이다. 지구상에서 가장 위험한 수영장이라고 일컬어지는 이곳에서 찍은 사진들을 보노라면 오금이 저려 온다. 많은 사람들이 버킷 리스트 중 하나로 그곳에 가고 싶어 하지만, 1년에 딱 2달 건기 때만 오픈한다고 한다. 기회가 온다 하더라도 난 절대 그곳에 들어가 볼 자신이 없다. 마침 우기라 다행히 데빌스 풀에서의 위험한 체험 대신에 풍부한 수량으로 우렁차고 세차게 떨어지는 폭포의 장관을 보게 되었다.

우리 일행은 오전에는 잠비아 쪽 빅 폴을, 오후에는 비자를 발급받고 나서 짐바브웨 쪽 빅 폴을 볼 수 있었다. 관리소 출입구를 통과해 걸어 들어가니 지진이 일어난 듯한 굉음이 지축을 흔들었다. 숲속 길이라 어디쯤 폭포가 있는지 알 수 없었지만, 옆 사람의 목소리도 들리지 않을 만큼 우렁찬 물소리는 폭포가 가

잠비아 쪽에서 바라본 빅토리아 폭포

까이 있음을 알려 주었다.

　한참을 걷다 보니 숲 끝에서 물방울들이 거세게 솟구쳤고 하늘에서 물방울들이 비처럼 내렸다. 떨어진 물방울이 만들어 내는 물보라였다. 가까이 가면 갈수록 물보라는 소나기처럼 내렸다. 우비를 입지 않은 나뿐만 아니라 우비를 입고 있던 사람들도 두 나라를 넘나들며 빅 폴을 감상하느라 하루 종일 옷이 마를 틈이 없었다.

빅 폴은 일 년 내내 관광객들의 발길이 끊이지 않는 곳답게 경이로움 그 자체였다. 나이아가라 폭포, 이구아수 폭포, 빅토리아 폭포 이 세계 3대 폭포를 모두 본 친구들은 하나같이 자연 그대로의 모습을 지녔다는 점에서 빅토리아 폭포에 가장 후한 점수를 주었다.

기념사진을 찍는데 발아래가 낭떠러지라 너무 무서웠다. 온몸이 폭포수에 젖었지만 그 장관은 정말 감동이었다. 자연이 만들어 낸 지상 최대의 선물임을 확인했다. 걸어서 빅토리아 폭포를 감상하고 돌아오니 헬기 투어를 권한다. 처음에는 무섭기도 하고 가격도 너무 비싸서 망설였다. 하지만 그때 하지 않았다면 유려하게 흐르는 잠베지강과 무지개가 떠 있는 폭포의 장관을 보지 못했을 것이다. 헬기를 타고 하늘에서 보는 빅토리아 폭포는 또 다른 경이로움을 안겨 주었다.

작은 물줄기들이 모여 거대한 물줄기를 이루고,

지각운동으로 인해 자연이 만들어 놓은 깊은 협곡으로

그 물줄기가 떨어지며 만들어 낸 거대한 예술 작품이었다.

자연 외에는 그 누구도 만들 수 없는 광경이요,

그 앞에 있는 서 있는 나는 한없이 작다.

빅토리아 폭포 앞에서

헬기에서 내려다본 빅폴. 일 년 내내 무지개가 떠 있다고 한다.

초베 국립공원의 동물 가족들

빅토리아 폭포의 거대한 감동을 안고 초베 국립공원이 있는 보츠와나로 향했다. 보츠와나는 동쪽으로 짐바브웨, 서북쪽은 나미비아, 남동쪽으로 남아프리카공화국과 접하고 있으며 세계 최고의 에이즈 감염국이며 사망률이 출생률보다 높아 인구가 줄고 있는 나라다. 기후는 아열대 사바나 기후이나 내륙에 위치하고 있어 여름에는 38도까지 오르고, 겨울에는 0도 이하로도 떨어진다.

보츠와나에서 가장 유명한 초베 국립공원은 빅토리아 폭포에서 한 시간 반 거리에 있는 곳으로 오픈 사파리다. 오픈 사파리란 전기 철조망 안에 동물들이 갇혀 있는 다른 곳과는 달리 자연 그대로 사는 동물들을 사파리 차를 타고 다니며 구경하는 곳이다.

　우리는 국경에서 입국 수속을 한 뒤 곧바로 승합차에 나눠 타고 사파리를 시작했다. 우리가 탄 사파리 차는 숲속보다 물가 쪽으로 운행했다. 동물들이 물을 마시러 물가로 나오기 때문이라 한다. 놀이기구 같이 출렁대는 차를 타고 하루 종일 초베 국립공원을 누볐다.

　초베 국립공원에는 13만 마리의 코끼리를 비롯하여 3,000마리의 하마, 버팔로, 기린, 악어 등이 살고 있다고 한다. 보트 사파리도 할 수 있고 마사이 마라 국립공원과는 다른 느낌의 사파리였다. 사파리 도중에 큰 소리로 떠들면 안 된다는 주의를 받았다. 이곳 동물들은 자동차를 보고 살았기 때문에 자동차도 동물로 여긴다는 것이다. 그래서 큰 소리를 낸다거나 비명을 지르게 되면 공격할 수도 있다고 한다. 스릴이 넘치다 못해 무섭기도 하였다.

　사파리 투어 관광객들이 가장 많이 보고 싶어 하는 동물은 사자, 표범, 코뿔소, 코끼리, 버팔로라고 한다. 버팔로는 보트 사파리를 하면서 보았다. 마사이 마라에서도 보았지만 버팔로의 머리에 난 뿔은 어찌나 카리스마가 있던지 자신감마저 느껴진다. 다가가 사진을 찍어 보려 했는데 쉽지가 않았다. 경계의 눈빛이었고, 더 이상 다가오면 가만두지 않겠다는 의지가 보이는 듯했다.

악어와 하마 떼도 보았는데 하마는 TV에서나 보았지 실제론 처음 보았다. 사파리 관광 중 제일 경계해야 할 동물이라고 한다. 자기 영역에 들어오면 엄청나게 큰 입으로 물어 버린다고 한다. 하마의 턱은 통나무배를 반토막 내기도 하고 이빨은 배에 구멍을 내기도 한다고 한다. 특히 새끼가 귀엽다고 가까이 가면 반

초베 국립공원에서 만난 평화로운 하마 가족

185

드시 공격한다고 한다. 실제로 이런 상황 때문에 관광객이 죽은 경우도 여러 번 있었다고 한다.

물속에도 있지만, 풀이 많은 물가에 앉아 있는 하마들은 특히 하품하는 모습이 장관이다. 입이 어찌나 큰지 입이 찢어진다는 것이 어떤 것인지 하마의 입을 보고서야 알았다. 조용히 물가에 앉아 있는 하마 가족을 보니 평화롭지만 무슨 일이 일어날 것만 같은 정적이 흐른다.

자세히 보니 하마 몸이 반짝반짝 빛이 난다. 햇빛까지 반사되며 더욱 빛났다. 물가에 살고 있으니 물 때문인 줄 알았다. 그런데 물이 아니고 뜨거운 햇볕에 몸을 보호하고자 스스로 만들어 내는 천연 오일이 빛을 반사하기 때문이라는 흥미로운 사실도 알게 되었다.

이곳에서도 동물들이 함께 이동하고 군락을 이루며 사는 모습을 볼 수 있었다. 홀로 다니면 다른 동물들에게 공격당할 수 있기 때문이다. 너무나 예쁜 기린 가족은 내가 사진기를 들이대도 쳐다보질 않는다. 딱 한 마리가 나와 눈이 마주쳤다. 가장 큰 집단을 형성하고 있다는 코끼리 떼는 가족 단위로 움직인다고 한다. 어미로 보이는 코끼리와 아가 코끼리가 경쾌하게 지나가는 모습을 흔들리는 카메라에 담았다. 핸리 맨시니 작품의 "아기코

〔늦지 않았어, 오늘이야〕

초베 국립공원에서 만난 기린 가족

초베 국립공원에서 만난 엄마 코끼리와 새끼들

끼리의 걸음마"와 딱 어울리는 장면이다.

그런데 얼마 전 뉴스에서 보츠와나가 코끼리 사냥을 허용하는 방안을 검토하고 있다는 소식을 들었다. 코끼리를 적정 수준으로 유지하기 위해 도태를 허용하고 코끼리 고기로 통조림을 만들어 애완동물의 먹이로 활용하는 방안도 제안했다고 한다. 또 코끼리의 숫자가 생태계를 고려하면 너무 많아 농부들에게도 어려움을 준다는 것이다. 그러나 보츠와나의 경제가 관광산업으로 지탱하고 있기에 환경보호 전문가들은 반대 입장이라고 한다.

초베 국립공원에 있는 동물들은 그래도 행복해 보였다.
인위적이지 않은 환경, 자연 속에서 자유를 누리는 모습이었다.
그들의 평화로운 자유가 깨지지 않았으면 좋겠다.

이동 중에 큰 코끼리 한 마리가 우리 사파리 차를 가로막고 선다. 왜 저 코끼리는 무리에서 떨어져 나와 홀로 있는 것일까? 나이가 들어 힘도 없고 해서 집단에서 버려진 수컷 코끼리라고 한다. 그 이야기에 또 아빠 생각이 났다. 수컷 코끼리의 모습에서 아빠가 보였다.

아빠는 언제나 힘이 세실 줄 알았다. 우리 오 남매를 늘 지켜 주셨으니까. 자라나면서 엄마하고만 주로 이야기를 했고, 아빠하고는 대화가 별로 없었다. 어디가 아프신지 몰랐고 무심했다. 언제나 그 자리에 계실 줄 알았다. 머릿속에서 혼자 있던 코끼리의 모습이 떠나지 않는다.

날 울린 코끼리

궤타에서 만난 소행성 B612

생텍쥐페리의 『어린 왕자』를 읽으며 바오밥 나무를 알게 되었다. 어린 왕자의 별은 바오밥 나무의 씨앗 투성이이고, 그 씨앗이 싹이 터서 크게 자라기 전에 뿌리째 없애지 않으면 별 전체를 뒤덮고 구멍을 뚫어 별이 산산조각 날 것이라고 어린 왕자는 말한다. 별이 집 한 채의 크기니 그럴 수밖에 없다. 그래서 아침에 일어나 세수를 하고 옷을 입는 습관처럼 어린 바오밥 나무를 찾아서 뽑아 주지 않으면 별을 가꾸고 지킬 수 없다고 경고한다. 별을 가꾸기 위한 습관의 중요성을 강조한 내용이겠지만, 바오밥 나무가 정말 집채만 한지 내 눈으로 직접 확인해 볼 기회가 왔다.

초베 국립공원 방문을 마친 다음 날, 바오밥 나무가 장관을 이루고 있다는 궤타로 이동했다. 아프리카에 온 이후 처음으로 비도 내렸고, 전날 저녁 식사에 문제가 있었는지 몇 사람이 장염이 걸려 출발이 지연되었다. 궤타로 가는 도중 KFC 치킨과 감자 칩을 처음으로 먹었는데, 이날의 점심은 아프리카에 와서 가장 맛있게 먹은 음식으로 기억되고 있다. 여전히 나는 현지 음식을 잘 먹지 못했다. 이제는 적응할 만도 한데 힘들다. 그래서 제대로 먹지 못한 날은 바나나를 먹었다. 이동 중에 길거리에서 파는 파인애플과 다른 열대과일도 사 먹었다. 과일이라도 먹어서 견딜 수 있었다.

궤타로 가는 길 위에 만난 일몰은 정말 환상적이었다. 형용할 수 없는 색으로 아프리카의 하늘을 물들인다. 밖으로만 향하는 나의 마음을 안으로 끌어들이고 침묵하게 만드는 풍경이다.

뜨는 해보다 지는 해가 더 아름답게 보이는 것은
오십을 넘어 육십을 바라보는 나와 같은 느낌이어서일까.

바오밥 나무는 열대 아프리카 지역에 서식하는 나무로 높이는 20m, 둘레는 10m까지 자란다니 정말 큰 나무였다. 전 세계에 8종이 존재하며 마다가스카르에 6종, 아프리카 대륙에 1종, 호주

191

궤타의 바오밥 나무

에 1종이 분포한다고 한다. 사막과 같이 건조한 곳에는 오래도록 수분을 저장하고 있어야 하기 때문에 생김새가 독특하다. 거대한 물통처럼 보이기도 한다.

아프리카 전설 속에도 등장하는데 신이 창조할 때 가장 먼저 만든 나무이고, 창조할 때는 지금과 같은 모습이 아니었는데 신의 노여움으로 이런 모양으로 자란다고 한다. 바오밥 나무는 다른 나무를 부러워하며 자신에게도 예쁜 모습과 맛난 열매를 달라고 신에게 졸랐다고 한다. 신은 자신이 가진 것에 만족하지 않고 다른 나무들처럼 만들어 달라는 데 화가 나서 바오밥 나무를 뽑아서 거꾸로 처박았다고 한다. 그 이후로 뿌리가 하늘로 향한 것 같은 모습을 지니게 되었다고 한다.

신의 노여움으로 독특한 생김새를 지녔지만,
그 독특함이 바오밥 나무의 진정한 매력이 아닐까.
다른 사람과 비교하지 않고 나에게
만족하며 살아야겠다는 생각을 잠시 해 본다.

궤타에 도착하니 정말 어린 왕자에서 보았던 바오밥 나무가 장관을 이루고 있었다. 얼마나 크고 높은지 집채보다 더 커 보이는

오카방고 델타에서

것도 있다. 줄자가 없어서 정확히는 알 수 없었지만 수명이 5000
년이나 된다는 바오밥 나무는 우리 일행 10명이 손을 잡고도 둘
레가 남을 정도였다. 어린 왕자가 사는 별에 와 있는 느낌이었
다. 어린 왕자의 별은 바오밥 나무의 위협을 받지만 내가 사는
별에서는 앞으로 5000년도 더 버틸 것 같았다.

　궤타를 떠나 칼라하리의 보석으로 표현되는 오카방고 델타 삼
각주로 가기 위해 보츠와나에서 다섯 번째로 큰 도시이자 관광

수도인 마운으로 향했다. 400종 이상의 야생동물이 서식하고 있는 오카방고 델타에서 크루즈를 하며 다양한 야생식물들을 관찰할 수 있었다. 하지만 쪽배를 타고 온종일 태양에 노출되는 바람에 다리에 1도 화상을 입고 말았다.

낯선 남자와 쿼드바이크를

TV 프로그램 〈꽃보다 청춘〉에서 처음으로 여행한 아프리카 국가가 나미비아다. 보츠와나의 마운 공항을 출발하여 생소한 나라 나미비아의 수도 빈트후크 공항에 도착했다. 오래전 안젤리나 졸리가 브래드 피트 사이에 가진 딸을 출산하기 위해 나미비아를 택했다는 기사를 읽은 적이 있다.

잘 알려져 있지 않은 나라에 세계의 이목을 집중시켰다는 이유로 나미비아 대통령으로부터 감사의 편지도 받았다는 내용이었다. 유명인의 출산으로 나라와 도시까지 전 세계의 인기 여행지가 되었다니 재미난 일이다. 빈트후크 공항은 생각보다 정말 자그마한 국제공항이었지만 입국 수속은 최고였다. 비자를 미리 발급한 영향도 있겠지만 사람도 많지 않았다.

북쪽은 앙골라, 동쪽은 보츠와나 북동쪽은 잠비아, 남쪽은 남
아프리카 공화국, 서쪽은 대서양에 면한 나라이다. 다이아몬드
생산국이며 우라늄, 구리 등 광물자원이 풍부하다. 그러나, 많은
자원이 남아공, 미국, 캐나다, 영국, 프랑스 등 다국적 기업에 의
해 채굴되고 있으며, 남아프리카 공화국의 수탈로 경제가 피폐
한 상태라고 한다. 독일의 식민지였기 때문에 기독교인이 가장
많으며 공용어는 남아프리카 공화국과 같이 영어를 사용하는 나

나미비아 빈트후크 공항에서

라다.

　수도 빈트후크는 중앙고원에 위치하고 있어 날씨가 좋았다. 먼저 빈트후크 시내 관광을 한 후 빈트후크와 함께 철도로 연결되어 있어 식민지 시대에 수탈의 양대 축을 이루었던 스와콥문트라는 도시로 이동했다. 독일의 식민지 지배를 받던 흔적이 아직 남아 있어 마치 독일의 작은 도시에 와 있는 느낌을 받았다. 대서양을 바라보며 전통 독일 맥주 맛을 보아서 더욱 그런 느낌을 받았는지도 모르겠다.

　분명 스와콥문트는 유럽식 건물들이 즐비했고
　여유와 낭만이 느껴지는 곳이었다.
　그러나 오랜 수탈을 받았던 아픔의 흔적이
　곳곳에 남아 깊이 새겨져 있었다.
　문득, 아직 군산이나 부산 지역 곳곳에
　일제 강점기의 잔재가 남아 있는 우리나라가 생각났다.

　아프리카 동쪽의 인도양은 난류의 영향으로 따뜻하여 탄자니아 잔지바르섬에서는 해수욕을 즐겼는데, 스와콥문트 앞바다의 대서양은 한류의 영향으로 바닷물이 차갑다. 발을 담가 보니 정말 차가웠다.

나미비아는 국토의 대부분이 사막으로 세계에서 가장 오래된 사막으로 알려져 있다. 사막은 서에서 동으로 나미브 사막, 중앙 고원, 칼라하리 사막의 세 지역으로 나뉜다. 나미브 사막은 모래 언덕이 끝없이 펼쳐진 사막으로 대서양 해안을 따라 1,900km나 길게 이어져 있다. 차가운 벵겔라 해류의 영향으로 수분이 증발하기 때문에 기후가 건조하며 가뭄에 시달린다.

흔히 사막이라 하면 대륙의 내륙에 발달하는 것으로 알고 있지만, 해류의 영향으로 발달한 지역도 있다. 바로 나미비아의 사막이 그런 곳이다. 코발트색의 바다 옆에 주황빛 모래사막의 이색적인 조화가 장관을 이루는 곳이다.

또한, 스와콥문트는 스카이 다이빙이나 샌드보드, 쿼드바이크 등 다양한 액티비티를 체험할 수 있는 곳이다. 스카이다이빙과 샌드보드는 못 해 봤지만 쿼드바이크는 타 보았다. 타기 전 기능 숙지를 위해 그곳 조교들이 설명을 해 준다. 승용차 운전은 하지만 처음 타 보는 쿼드바이크는 조종이 쉽지 않았다. 함께 탄 친구들은 운전 실력이 나보다 훨씬 나았다. 여러 대의 쿼드바이크가 움직이는 소리로 사막은 시끄러워졌다.

평평한 길을 달리는 것이 아니기에 힘들었다. 모래 언덕을 오르다 보면 다시 내리막길이고 스릴을 즐기는 친구들도 있었지만 나는 무서웠다. 당장이라도 내리고 싶었지만 중간에 멈출 수가 없었다. 모두 줄을 지어 달리는데 역시 내가 처진다. 내 쿼드바이크가 언덕길에 멈춰 섰다. 스와콥문트의 아름다운 사막도 파란 하늘도 내 눈에 들어오질 않는다. 스릴과 희열을 느끼고 있는 친구가 부러웠다. 나도 잘 타고 싶었지만 내 맘대로 되질 않았다. 그래도 이 멋진 사막을 달려 보다니 이것으로도 충분한 환희다.

우리가 타는 시간이 모두 끝나고 쿼드바이크에서 내렸다. 그런데 내가 타는 것을 지켜보았던 조교가 제대로 타지 못하는 내가 불쌍해 보였나 보다. 갑자기 친구들 앞에서 쿼드바이크를 다시 타라고 한다. 내가 싫다고 했는데 억지로 나를 태웠다. 그리고 자기 허리를 꼭 잡으라고 한다. 갑작스러운 상황에 당황스러웠다. 나중에 안 사실이지만 그 조교는 쿼드바이크 선수였다.

나는 허리를 꼭 잡을 수밖에 없었고 그는 신나게 사막을 달렸다. 나는 거의 거꾸로 매달리는 상황이 되기도 했다. 그는 단순히 달리기만 하는 것이 아니라 온갖 묘기를 뽐냈다. 사막에 내 비명 소리가 울려 퍼졌다. 이 광경에 친구들이 환호성을 질러 댔다. 나를 굉장히 부러워하는 눈빛이었다.

젊은 날 멋지고 잘생긴 남자의 허리를 껴안고

바이크를 타 보지 못한 한을 이곳 나미비아에 와서 풀었다.

갑자기 소녀라도 된 듯 방긋; 웃음이 났다.

스와콥문트에서 쿼드바이크를 타다

자연이 빚은 Dune 45에서 맞은 새벽

모래언덕에 앉아 사막 위에 쏟아지는 무수히 많은 별을 바라보는 것. 평생 한 번은 꼭 해 보고 싶은 꿈 중 하나다. 그 꿈을 이루기 위해 스와콥문트를 떠나 비포장 황무지를 달려 소서스 블레이라는 곳으로 갔다.

이곳은 붉은 사막이라고도 불린다. 물이 모이는 장소라는 뜻이지만 물은 볼 수 없었고, 이곳에서 볼 수 있는 것은 붉은 모래언덕뿐이다. 왜 그런 명칭이 붙은 건지 이해가 되질 않는다. 대서양 연안의 건조 사막지대로 화강암 계곡으로부터 세계에서 가장높은 모래 언덕에 이르는 지리적·지형학적 특성을 지닌다. 대표적인 관광지로는 국립공원인 나우클루프와 나미브사막이 있다.

이곳은 사진을 보면서 꼭 직접 보고 싶었던 모래사막이다. 바람에 따라 그 모습이 변화하는 장관은 지금도 잊히지 않는다. 사막의 모래 산들이 장관을 이루는 이곳에서 가장 유명한 것은 'Dune 45'다. 수많은 모래언덕 중에 사람이 직접 오를 수 있는 세계 최고 높이다. Dune 45를 새벽에 오르는 일정도 계획되어 있었다.

캠핑장에 도착해서 텐트를 쳤다. 텐트를 겨우 치고 나서 저녁은 야외에서 바비큐 파티를 했다. 사막의 낮은 여름이요 밤은 겨

나우클루프

203
〔 2부 · "하쿠나 마타타"를 외치다 〕

울이라는 말이 실감 났다. 불을 피우니 따뜻한 온기를 느낄 수
있어서 좋았다.

사막 지대에서 캠핑을 하며 바라본 밤하늘은
마치 우주선을 타고 우주를 유영하고 있는 듯한
착각이 들 정도로 신비롭고 아름다웠다.
눈으로는 다 담을 수 없어 마음에 담으려 애썼다.

사막의 새벽은 상상 이상으로 청량했고 추웠다. 우리가 텐트
를 친 지역과 가까운 곳에 여우가 출현했다고 새벽부터 야영촌
이 술렁거렸다. 정말 사막의 여우였을까 확인할 수는 없었지만
요란한 새벽이었다. 누가 장난을 한 것인지, 사실인지 아직도 알
수가 없다.

우리는 잠자던 차림 그대로 손전등을 들고 세계 최고 높이의
Dune 45 언덕을 올라갔다. 해 뜨기 전, 아직 아무도 오르지 않아
누구의 발자국도 없는 모래 언덕은 마치 눈이 내린 아침 하얀 눈
을 처음 밟는 기분이었다. 하지만 평소 산행에 자신 있다고 생
각했는데 사구를 오르는 것은 생각보다 훨씬 힘이 들었다. 발이
모래에 푹푹 빠지고 설탕보다 고운 모래는 털어 낼수록 엉겨 붙

었다.

　일행 중에는 아예 오르는 것을 포기하는 사람도 나왔지만 나는 세계 최고 높이의 사구를 오를 수 있는 기회는 다시 오지 않는다는 생각으로 사력을 다했다. 힘들게 올라 숨을 고르니 아름다운 풍경이 눈에 들어온다. 고생하지 않고는 만날 수 없는 풍광이다. 쉽게 얻어서는 안 될 선물. 바람이 만들어 놓고 태양이 빚어낸 아름다운 사구에서 멀리 아침 해가 떠오르는 장관을 만났다. 모래산과 태양이 붉은빛으로 빛나는 사막의 새벽하늘은 잊을 수 없다.

　기대하던 선물보다 뜻하지 않은 선물이

　더 큰 기쁨으로 다가오듯,

　사구에서 맞은 일출은 뜻밖의 아름다운 선물이었다.

Dune 45

아프리카 속 작은 유럽

나미비아 스와콥문트를 떠나 남아프리카 공화국 요하네스버그 공항으로 출발했다. 남아프리카 공화국은 오랜 세월 인종차별정책을 펼친 나라로 유명하고 월드컵도 개최한 나라다. 내륙을 제외하고 남쪽 해안을 따라 지중해성 기후가 나타나서 유럽인들이 가장 탐냈던 곳이기도 하다. 흑인이 대부분이지만 소수의 백인이 지배를 해 왔고, 그동안의 경제는 백인 자본과 아프리카인의 저임금 노동력으로 유지되어 왔다.

인종차별정책의 폐지와 넬슨 만델라 대통령의 취임 이후 경제 성장률도 점차 향상되었다고 한다. 주요 산업은 광업이며 세계 매장량의 절반을 차지하는 금을 포함, 우라늄, 석탄, 철광, 구리 등 풍부한 지하 광물자원이 나라 경제의 원동력이 되고 있다. 행

케이프타운으로 가는 해안도로

정수도는 프리토리아, 입법수도는 케이프타운, 사법수도는 블룸
폰테인이며, 가장 인구가 많은 최대 도시는 요하네스버그이다.

밤 비행기였기 때문에 요하네스버그 도시의 야경을 한눈에 내
려다볼 수 있었는데 너무 아름다운 도시였다. 그러나 치안 상태
가 좋지 않아 요하네스버그는 구경할 수 없었다. 요하네스버그
숙소에서 잠만 자고 우린 다시 포트엘리자베스로 떠나야만 했
다. 도착하자마자 우리는 아프리카 대륙에서 가장 뛰어난 경관
을 자랑하는 가든 루트로 향했다.

가든 루트는 남단 케이프타운반도로부터 760㎞ 떨어진 레시페
곳까지 이어지는 N2고속도로 주변의 자연 녹지대를 일컫는다.
황금의 백사장과 정적이 깃든 호수와 늪지대, 크고 작은 야생화
로 덮인 초원을 달리는 이 길은 너무 아름다워 '정원의 길(가든 루
트)'이라고 불리게 되었다고 한다. 아프리카에 온 이후 가장 좋은
온화한 날씨를 접할 수 있었고 마치 유럽의 지중해 연안에 온 듯
한 착각이 들었다.

우리는 먼저 치치카마 국립공원으로 이동하여 푸른 인도양과
기암절벽이 어우러져 있고 세계 최고의 번지점프대(216m)가 있
다는 블루크란치를 방문했지만, 일정과 시간이 맞지 않아 번지
점프를 할 기회는 갖지 못했다. 번지점프를 하는 사람들을 바라

만 봐도 현기증이 났다. 일정과 시간이 남았다 하더라도 도전하지는 못했을 것이다. 할 수 있을 때 할 수 있는 용기가 예쁜 외모보다 훨씬 아름답다는 것은 알지만….

가든 루트에 위치한 도시 모슬베이에서 타조 농장을 방문했다. 타조 사파리를 하고 타조 스테이크를 먹어 보는 음식 체험도 했다. 그 후 오츠혼에서 석회 동굴인 캉고 동굴에 갔다. 크리스털과 종유석으로 이루어져 태고의 비밀이 감춰진 듯했다. 또 석양과 함께 석호와 사암의 곳으로 유명한 나이즈나에서 크루즈 관광도 했는데, 지금까지 다녀 본 아프리카의 다른 나라들과는 달리 깨끗한 도로를 따라 이동할 수 있었다.

적당한 기후와 평화로운 풍광에
프랑스의 프로방스나 지중해 연안 같은
착각을 불러일으키는 동화 속 그림 같은 곳이었다.

〔 늦지 않았어, 오늘이야 〕

대륙의 끝에서 희망을 외치다

가든 루트관광을 마치고 희망봉을 향해 달렸다. 아프리카 대륙의 최남단 바다색은 검다 못해 잉크를 풀어놓은 색이었다. 부서지는 파도의 위용은 쓰나미가 오는 것처럼 대단했다. 그래서 네덜란드 선박이 이곳에서 좌초된 것인가 생각되었다. 그 사건이 오늘날 아프리카의 슬픈 현실을 만들었다.

대륙의 끝 지점이자 인도양과 대서양의 바닷물이 만나는 아굴라스곶(Cape Agulhas)에 도착했다. 아굴라스곶은 포르투갈어로 '바늘들'이라는 뜻인데 많은 배를 파손시킨 암석과 암초들을 일컫는 말이라고 한다. 이곳에서 인도양의 바닷물과 대서양의 바닷물에 번갈아 발을 담가 보고 조약돌도 하나씩 기념으로 가지고 왔다. 인도양과 대서양이 만나는 이곳 표지석의 높이가 꽤 높았다. 언제 이곳을 또 밟을 수 있을 것인가. 내일을 기약할 수 없기에 난 올라가서 두 손 번쩍 들어 올려 보았다. 대서양과 인도양의 바람이 내 볼을 강하게 때렸다.

희망봉은 아굴라스곶의 북서쪽 160㎞ 지점에 위치하고 있는데 1488년 포루투칼 항해자 바르돌로뮤 디아스가 발견하여 당시에는 폭풍의 곶(Cape of Storms)이라고 불렀다고 한다. 그 후 1497년 바스코 다가마가 이 곳을 통과하여 인도로 가는 항로를 개척한 이후 포르투갈 왕 주앙 2세가 희망의 곶이라고 개칭했다고 한다. 거친 파도로 유명한 이곳이 유럽과 인도를 이어 주는 요충지이며 자국이 진출하여 얻을 이익이 많았기에 그리 불렀을 것이다. 이곳의 원래 주인인 아프리카인들에게는 침략의 아픔이 시작된 곳이기도 하다.

희망봉은 생각했던 것처럼 웅장하거나 희망을 느낄 수 있는 장소가 아니라 그저 돌무더기로 된 곳이었다. 평평한 땅이 바다로 툭 튀어나와 있고 희망봉이라는 표지판만이 이곳이 희망봉임을 설명해 주고 있었다. 이곳에서 동쪽으로 2킬로쯤 떨어져 있는 등대가 있는 전망대에 오르니 청록색으로 물든 희망봉 앞바다가 한눈에 보였다. 누군가에게는 희망이, 또 다른 누군가에게는 절망이 될 수 있는 현장에서 나도 모르게 숙연해졌다.

어떤 희망으로 죽음을 무릅쓰고 항해를 했었을까.

진정한 희망은 어떤 장소가 아니라

우리 마음속에 있는 것이라는 생각이 들었다.

희망봉을 지나 월드컵이 개최되었던 도시 케이프타운으로 향했다. 멀리서도 거대한 식탁의 모습을 하고 있는 테이블 마운틴이 보이기 시작했다. 해발 1,068m의 정상 부분이 마치 테이블 모양처럼 평평하다고 해서 이름 붙여진 테이블 마운틴(Table Mountain). 해저 지층의 융기로 형성된 산이다. 테이블 마운틴은 케이프타운을 상징하는 랜드 마크이다. 파리의 에펠탑, 리오데자네이루의 거대 예수상, 뉴욕의 자유의 여신상과 함께 우리 서울의 랜드마크는 무엇인가 잠시 생각해 보았다. 예전에는 남산 타워, 지금은 롯데타워라고 말하는 사람들이 많겠지만 나는 서울을 병풍처럼 품고 있는 북한산이라고 말하고 싶다. 대도시에 언제라도 산책하듯이 다가설 수 있는 산을 가지고 있다는 것은 큰 행운이 아닐까 한다.

케이블카를 이용하여 정상에 오르니 케이프타운의 시내를 한눈에 조망할 수 있었다. 케이프타운은 위치적으로 항해 시대의 중요 거점이 되기에 충분한 지역임을 느낄 수 있었다. 폭풍우를 피해 풍부한 과일, 포도주, 해양자원을 공급받고 파손된 배도 수리할 수 있는 곳으로서 인도로 가는 항로의 전략적 지점이 될 만하다는 생각이 들었다.

현대식으로 웅장하게 지어져 있는 건물과 감옥처럼 보이는 판잣집들이 이질적으로 모여 있고, 불안한 치안 상태에 전화기, 자동차 핸들까지도 자물쇠가 달려 있는 나라. 이러한 현실과 아름다운 자연환경이 어울리지 않았다. 아직 곳곳에 흑인에 대한 인종차별 정책의 혼란과 아픔이 남아 있음이 느껴졌다.

인도로 가는 요충지로의 희망이 아닌
아프리카인들의 평화로운 삶이 유지되는
희망이 되기를 기원해 본다.

희망봉 Cape Point에서

로벤섬에서 만난 만델라의 영혼

케이프타운 시티 투어를 마치고 페리를 타고 로벤섬으로 갔다. 워터 프론트와 가깝게 위치한 섬인데 옛날에는 물개가 많아 물개섬으로 불렀다고 한다. 배를 타고 로벤섬에 대해 설명하는 동영상을 보기도 하고 출렁이는 파도를 감상하다 보니 어느새 도착했다.

로벤섬은 17~20세기 남아프리카 공화국의 암울한 역사와 자유와 승리에 대한 상징이다. 1960년대부터 감옥을 세워 넬슨 만델라 등 흑인 지도자를 가두고 노역시킨 곳으로 유명하다. 만델라뿐만 아니라 남아공의 많은 흑인 인권운동가들이 이 로벤 섬에 갇혀 빠져나오지 못하고 죽었다. 섬, 교도소, 종신형 이런 말을 들으니 갑자기 스티브 맥퀸과 더스틴 호프만이 열연했던 영

로벤섬 넬슨 만델라 대통령이 수감되었던 독방

화 〈빠삐용〉이 생각났다. 〈Free as the wind〉의 주제곡이 지금도 참 아련하다. 종신형을 선도받은 남자가 자유를 끊임없이 갈망하는 영화였다. 종신형을 받은 이유는 기억나지 않지만, 자유에 대한 인간의 의지가 인상 깊었던 영화였다.

이곳에서 만델라가 흑인들의 자유를 찾기 위해 오랜 기간 투옥되었던 독방도 볼 수 있었다. 이런 독방에서 그 오랜 시간을 어찌 견디었을지 상상조차 되지 않는다. 만델라는 종신형을 선고받고 이곳에서 수감 생활을 했다. 교도소 내에서도 흑인 죄수들의 인권을 위해 단식 투쟁도 불사했다고 한다. 제대로 먹을 것도 주지 않는 열악한 환경 속에서 공부를 계속하고 동료 죄수들을 교육시키기도 했다니, 자유를 향한 길고 험난한 여정에 고개가 숙여진다.

이런 이야기도 전해 들었다. 어느 날 백인 교도관들이 만델라에게 땅을 파라고 했단다. 땅을 파자, 그곳으로 들어가 누우라고 명령했다. 이제는 죽는구나, 생각하고 누우니 백인 교도관들이 일제히 바지 지퍼를 열고 만델라의 몸에 소변을 누기 시작했다. 교도관들은 다른 수감자들의 존경을 받고 있는 만델라와 그를 따르는 다른 수감자들의 기를 꺾어 버릴 생각이었다고 한다.

보통 사람이라면 이런 모욕을 받고 복수를 꿈꾸었겠지만 27년간의 투옥 생활을 하고 나온 만델라는 특별하고도 달랐다. 대통령이 되자 자신을 감시하던 그 백인 교도관을 취임식에 초대하였다고 한다. 아주 놀라운 용서였다. 쉽지 않았을 것이다. 감옥에서 백인에 대한 분노를 쌓을 수도 있었겠지만, 독방에 갇혀 사는 고통스러운 생활 속에서도 성찰과 용서를 익혔던 것이다. 용서 없이는 자기 나라의 미래도 없다는 걸 깨달았다고 한다. 용서가 최고의 사랑이라지만 쉽지 않은 일이다.

로벤섬에서 가슴 아프지만 더 많은 것을 알고 싶었다. 하지만 이곳에서는 현지 가이드 없이 영어 해설만 들어야 했기에 청각 장애 체험을 한 기분이었다. 미리미리 영어 공부를 해 두지 못한 후회를 한다.

여행지에서 언제나 드는 생각이지만
나는 또 게으름에 잊어버린다.
우리가 일상에서 누리고 있는 이 자유가
얼마나 소중한 것인지 새삼 깨달았다.

아직도 뿌리 깊게 남아 있는 인종 차별에 의한 흑인들의 아픔
도 느낄 수 있었다. 로벤섬에서 멀리 보이는 구름을 머리에 이고
있는 테이블 마운틴이 보였다. 이곳에 갇혀 있었던 많은 수용자
들이 얼마나 비통한 마음으로 바라봤을까? 테이블 마운틴의 구
름이 눈물을 쏟아 내는 구름 같았다.

로벤섬 투어를 마치고 다시 케이프타운으로 이동하여 아름다
운 항구 워터 프론트를 찾았다. 워터 프론트는 빅토리아 여왕의
젊은 아들 알프레드 왕자가 1860년부터 방파제를 만들면서 생긴
항구다. 100년 넘게 워터 프론트의 랜드마크로 군림하고 있는
고딕 양식의 시계탑을 구경했다. 다양한 종류의 음식과 물건들
로 아프리카에서는 찾아보기 힘든 쇼핑 천국이었다. 아름다운
부두를 바라다보며 해산물 요리를 먹고 마지막 여행지의 아쉬
움을 달랬다. 대서양과 인도양이 번갈아 청량한 바람을 가져다
준다.

로벤섬에서 바라다본 케이프타운의 테이블 마운틴

이번 답사에 가장 나중에 합류한 까닭에 비행기 좌석도 나만 일행들과 떨어져 아프리카인과 아랍인 틈에 앉아 가곤 했다. 열대 모기에 시달리고 일행이 현지 병원에 입원하는 등 고생스러운 일정이었다. 자연의 선물 빅토리아 폭포의 거대한 감동, 끝없는 이어진 사막에서 바라본 하늘에서 쏟아지는 별, 적응하기 힘들었던 아프리카의 음식들, 많은 동물들이 자유를 누리고 있는 마사이 마라와 초베, 바르돌로뮤 디아스가 밟은 희망봉, 희망봉이 아니라 오늘날의 아프리카의 아픔을 만든 그곳….

많은 것들이 기억에 남지만 가장 기억에 남는 것은
아직 일어나지 않은 일에 대해 걱정하는 '나'에게 보내 준
"하쿠나 마타타" 그들의 따뜻한 인사와 미소다.

〔 늦지 않았어, 오늘이야 〕

"하쿠나 마타타" 탄자니아 사탕수수 즙을 짜는 청년

한 달간 여정의 마침표를 찍다

3부

하늘과 맞닿은 땅, 오체투지 순례자를 만나다

티베트인들은 오체투지의 극한의 체험을 통해

고행을 하고 깨달음을 얻고 있었다.

세상의 살아 있는 모든 것에 대한 행복을 기원하며

부처께 드리는 기도라니 나도 모르게 숙연해진다.

나만을 위한 삶만 생각하기에도 바빴던 지난날을 반성했다.

하늘을 달리는 칭짱열차

　하늘과 가장 가까운 땅 티베트로 향하는 여름날은 유난히도 뜨거웠다. 내 시간을 갖게 된 이후 가장 먼저 해 보고 싶었던 것 중 하나가 세상 끝처럼 생각되는 티베트 그곳으로의 배낭여행이었다. 도대체 왜 그곳을 세상 끝이라고 하는지도 궁금했고 인도로 망명 갔다는 달라이 라마도 궁금했다. 브래드 피트가 나왔던 영화 〈티베트에서의 7일〉에서의 장면도 가끔 생각났다. 나중에 안 사실이지만 신비하고 멋있었던 영화 속 티베트는 세트였다고 한다.

　티베트로의 여행은 생각보다 어려운 점이 너무 많았다. 중국 정부의 통제를 많이 받고 있어서, 티베트에 가려면 중국 비자와는 별도로 티베트 입경 허가서를 받아야 한다. 그뿐만 아니라 허

224

가증 발급 조건은 중국과 티베트의 현지 사정에 따라 수시로 변동된다고 한다. 큰 여행사를 통해서 가는 것이 아닌 배낭여행이었기에 어려움이 더욱 컸다. 여행 허가가 쉽게 나지 않고 숙소 예약도 까다롭다.

처음에는 라싸로 가는 칭짱열차 티켓만 있으면 되는 줄 알았다. 티베트에서는 자유로운 개별여행이 불가능하고 한족 가이드를 반드시 동반해야만 허가증이 발급된다. 결국에는 운전수와 가이드까지 동행해야 해서 비용도 예상보다 더 들었다. 이럴 줄 알았으면 여행사의 패키지 상품을 이용할 것을 하는 후회도 밀려왔다.

이런 까다롭고 복잡한 상황 때문에 티베트로의 여행을 포기할까도 생각했다. 하지만 갈 기회를 다시 얻기는 더욱 어려운 일이기에 결정했다. 티베트 현지 여행사를 통해 운전수과 가이드를 섭외하고 중국어를 할 줄 아는 남편을 믿고, 입경 허가서를 받아서 드디어 칭짱열차를 타기 위해 인천에서 광저우로 날아갔다.

칭짱열차는 청해성의 시닝을 기점으로, 북경, 상해, 서안, 광저우 등 각지에서 운행이 된다. 사실 광저우에서 출발하는 기차가 가장 오래 걸리는 셈이다. 비행기로 해발 3,600m의 라싸를 가는 방법이 가장 쉽겠지만, 갑자기 해발고도가 높은 곳에 도착하는 것보다는 열차로 서서히 도착하는 것이 고산증 예방에 좋다고 한다.

무엇보다도 라싸로 향하는 하늘길을 달리는 열차 여행이 훨씬 낭만적일 것 같아 나의 마음은 더욱 설레었다.

역시 중국은 기차역도 어마어마한 크기를 자랑한다. 기차를 타기 위해 거쳐야 하는 과정 또한 복잡하다. 비행기를 타기 위해

타르초가 날리는 티베트의 하늘

검색대를 통과하는 것처럼 짐 검사가 까다롭다. 그들의 까다로운 짐 검사로 인해 이방인인 나는 무슨 잘못을 저지른 사람처럼 잔뜩 긴장했다. 광저우 역사 안의 열기는 40도나 되는데 나의 두근거림까지 더해져 50도를 넘는 느낌이었다.

시닝과 거얼무를 연결하는 칭짱열차의 1기 공정은 1979년에 시작하여 5년 후인 1984년에 완공되었고, 2기 공정은 거얼무와 라싸를 연결하는 구간으로 2001년부터 2006년까지 이루어졌다고 한다. 평균 해발이 4,500미터에 달하며 세계의 지붕이라고 불리는 티베트 고원을 기차가 달리도록 하기 위해 10만 명의 사람이 투입된 엄청난 규모의 공사였다고 한다. 잦은 기후변화와 고산지대라는 악조건을 극복해야 해서 21세기 만리장성 건설이라고도 한다.

기점이 시닝이어서 중국 각지에서 기차를 타고 시닝까지 가야 한다. 시닝에서 라싸까지는 21시간이 걸리고 상하이에서 출발하면 46시간, 광저우에서 라싸까지는 무려 52시간이 걸린다. 광저우에서 탄 기차도 좌석 종류가 잉쮀(硬座), 잉워(硬卧), 롼워(软卧) 세 종류로 나눠져 있었다. 잉쮀(硬座)는 앉아 가는 좌석이고, 잉워(硬卧)는 6인 침실 좌석이고, 롼워(软卧)는 4인 침실좌석이다. 우리는 6인 침실좌석인 잉워 표를 구하였다. 이 먼 거리를 앉아

서만 갈 수는 없지 않은가? 표
를 못 구했다면 어떠했을까 아
찔한 생각이 든다.

그런데 대체 이 많고 많은 사
람들은 제각기 무슨 일로 라싸
로 향해 이동하는 것일까? 기
차에 올라타자마자 침실 좌석
을 확인하니 나는 3층 가장 위
쪽 자리다. 올라가기가 쉽지
않았고 내 몸도 짐처럼 구겨 넣
어야 했다. 캐리어를 3층까지
올려놓는 것도 큰일이었다.

칭짱열차의 6인 침실칸인 잉워(硬臥)

고생스러움의 시작이지만 아직은

새로운 경험의 첫발을 내딛는 설렘이 더 크다.

열차 좌석에 자리 잡기까지 쉽지 않았지만 이제 시작이었다.
길의 끝에서 또 다른 길이 시작되고 있었다. 또 다른 여정의 시
작점에 서서 두근거리는 마음을 진정시켜 본다. 모든 것이 익숙

하지 않았지만 오늘만 생각하기로 하였다. 고속열차가 아니기 때문인지 내 마음과 달리 기차는 더디게 움직이고 있었다.

조금 쉬려는데 험상궂게 생긴 열차 안내원이 우리의 통행허가증과 비자를 검사하기 시작했다. 티베트로 가는 외국인 여행자는 더욱 세심하게 살펴보는 것이다. 그런데 연신 고개를 갸우뚱하며 우리의 통행허가증을 살펴본다. 그 모습을 지켜보는 동안 내 가슴은 무엇이 잘못된 건 아닐까 불안했다. 훌훌 털어 버리기 위해 떠난 여행에서 또 다른 예기치 않은 사건들을 마주한다. 시닝까지 가는데도 무려 3번씩이나 통행허가증을 보여 달라고 한다. 지나친 검사로 불쾌해지며 중국인들 속에서 외계인이 된 기분이었다.

무려 52시간을 이동해야 갈 수 있는 곳. 기차 객실이 6인실이어서 크게 말을 할 수도 없고 답답했다. 사교적인 성격이지만 중국어를 못하니 벙어리가 될 수밖에 없었다. 이동 거리가 멀다 보니 책을 보기도 하고, 상상했던 라싸를 그려 보기도 했다. 또 떠나기 이틀 전에야 마련한 DSLR 카메라를 이리저리 만져 본다. 카메라의 취급법을 제대로 익히지도 못하고 티베트를 담기 위해 들고 왔다.

그런 나와는 달리 중국어를 할 줄 아는 남편은 중국 사람들과 끊임없이 이야기꽃을 피운다. 20대 초반의 어떤 학생과 한참을 이야기하더니, 학생이 책을 하나 가져다준다. 남경대학 학생인데 방학을 이용하여 혼자 라싸로 여행을 가는 중이란다. 한족이니 우리처럼 여행이 불편하지는 않아 보였다. 젊고 자유로운 도전이 부러웠다. 난 50하고도 중반을 넘어서야 이곳으로 여행을 와 보는데 말이다.

그 친구는 자신이 보려고 가져온 책을 나에게 빌려주었다. 중국의 유명 사진작가가 티베트를 담은 사진첩이다. 난 책 속으로 빠져들었다. 그 작가가 담은 티베트는 아직 가 보지 못했지만 영화의 예고편과 같이 나를 설레게 하였다. 새로 산 카메라로 사진 찍을 생각에 유명 작가는 어떤 곳을 어떻게 담았는지를 자세히 보았다. 사진첩이다 보니 중국말이 별로 없어서 보기에도 수월했다. 내 기억력의 한계를 잘 알기에 스마트 폰으로 연신 사진첩의 정보를 담아 본다. 사진 책이 없었으면 참으로 지루할 뻔했다.

여행길에서 만나는 스쳐 지나가는 인연들이
어느 순간 내게 고마움으로 다가온다.

기차 창문 너머로는 아무것도 보이지 않는다. 침대칸에 함께 묵은 중국 여자의 전화 통화 소리와 삐걱거리는 기차 레일 소리에 잠을 이루지 못했다. 중국은 늘 시끄러운 곳 같다. 중국어는 4성이라는 것이 있어서인지 다른 언어보다 유난히 더 시끄럽다. 특히 밤에는 귀마개가 있어야 할 것 같았다. 중국 여인의 전화 소리는 계속되었다. 짧게 통화하고 끊었으면 하는 나의 바람은 소용없는 일이었다. 귀마개가 준비되어 있지 않았으니 견딜 수밖에 없다. 화장실을 가기 위해서도 3층에서 힘겹게 내려와야 했다.

굳은 몸을 풀기 위해 기차 안을 걷다가 옆 칸을 가 보고는 깜짝 놀랐다. 옆 칸은 침대칸이 아니라 앉아 가는 좌석이 있는 칸이었다. 표를 구하지 못했거나 침대칸의 비용을 감당할 수 없거나 짧은 거리를 이동하는 사람들일 것이다. 영화 속에서나 본 장면이다. 마치 전쟁 통에 피난 가는 사람들 모습 같았다. 가족을 만나러 가는 것인지 생업을 위해 가는 것인지 많은 사람들이 밤을 새면서 앉아 가고 있었다.

저마다의 사연을 싣고 기차는 더디게 움직이고 있었다.

그 멀고도 먼 차마고도를 향해

내가 탄 칭짱열차는 달려가고 있었다.

〔 늦지 않았어, 오늘이야 〕

하늘과 가장 가까운 땅

예기치 못한 사건, 시닝에서 쫓겨나다

다음 날 기차는 한눈에도 큰 도시처럼 보이는 역에 멈춘다. 청해성 시닝이다. 시안과 란조우라는 도시도 지났다고는 하는데 보지는 못했다. 북경과 시안, 광저우 등지에서 달려온 기차에서 내려 라싸로 향하는 기차를 갈아타야 한다. 지금까지 타고 오는 것도 힘겨운데 달려온 거리 이상을 다시 또 가야 했다.

내려서 다시 기차에 올라타려는데 또다시 통행허가증과 비자를 검사한다. 역무원이 자세히 우리의 여권과 통행허가증을 검사하더니 라싸로 갈 수 없다고 한다. 우리 통행허가증이 가짜라는 것이다. 여기까지 어떻게 왔는데 하늘이 무너지는 심정이었다. 통행증을 검사하던 역무원은 우리를 안내소로 데려갔다. 아무리 사정을 이야기해도 우리의 통행허가증에 문제가 있으니 갈 수 없다고 하였다. 결국 시닝역에서 쫓겨나는 상황이 되었다.

2000년대 중반까지는 통행허가증을 받지 않고도 라싸까지만 가면 자유롭게 여행할 수 있었다고 한다. 그러나 2008년 라싸에서 티베트인들의 대규모 독립시위가 발생한 뒤로 외국인 여행자들에 대한 허가증 검사가 엄격해졌다고 한다.

중국어를 잘하는 남편의 항변도 소용이 없었다. 시닝역은 그밤에도 라싸로 가는 열차를 기다리는 수많은 사람들로 붐비고 있었고, 그 속에서 나는 속이 상해 눈물만 났다. 무섭고 불친절한 역무원, 공안 경찰들, 이 속에서 마치 국제적인 미아가 되는 기분이었다. 티베트 현지여행사가 사기 친 것은 아닌지 의심과 불안감에 휩싸였다. 통행허가증이 없다면 갈 수도 없고 이미 두 달 전 예약했던 라싸행 열차표는 다시 구할 수 없는 상황이 되었다. 이런 난감한 상황에 닥치니 황당했고 남편과 나는 서로 말이 없어졌다. 설상가상으로 남편의 핸드폰마저 안 되는 것이다. 눈물이 났다.

남편은 티베트 여행을 내년에 다시 하자며 서울로 돌아가자고 한다. 어이없는 제안이었다. 어떻게 하든 해결을 해야 하는데 여기까지 와서 여행을 포기하고 돌아가자고 하니 기가 막혔다.

여행 중에도 우리 인생처럼

때로는 예기치 못한 난감한 일이 일어나지만,

이럴수록 서로 슬기롭게 해결해야 한다는 것은

언제나 그렇듯 마음뿐이었다.

밤늦은 시간이라 오늘 밤에 해결할 수 있는 것은 없었다. 흥분
된 마음을 진정시키고 우선 시닝역 근처에 숙소를 잡아야 했다.
역에서 잘 수는 없지 않은가? 미리 예약한 숙소도 없기에 여러
곳을 전전하다가 작은 호텔의 방을 구해 겨우 짐을 풀었다.

그날 밤, 시닝도 남편도 싫었다. 숙소에 들어와 앞으로의 상황
을 이야기하다가 서로 감정이 상했다. 한 달간의 여행의 시작부
터 서로 감정이 상하다니 앞으로의 여행길이 걱정이었다. 가이
드와 운전수를 섭외했던 티베트 현지여행사도 이 시간에는 연락
이 안 된다. 내일을 기다릴 수밖에 없었다. 이럴 때는 그냥 자는
것 외에는 방법이 없다.

다음 날 핸드폰 문제를 해결하고 다시 확인해 보니 남편이 실
수로 통행허가증 앞면만 프린트해 와서 문제가 생긴 것이었다.
원래는 여러 장이었다 한다. 남편은 내게 미안해했다. 그런 실수
는 나라도 할 수 있는 일인데 여유 있게 대처하지 못한 나 자신

도 반성이 되었다. 모든 것이 침착하지 못해서 발생한 것이다. 점점 다혈질이 되어 가는 나를 돌아보게 된다. 하지만 남편을 가깝고 편하게 생각하다 보니 하고 싶은 말을 거침없이 하는 경우가 종종 발생한다.

이틀을 시닝에서 보내고 난 후에야 티베트 현지 여행사를 통해 라싸행 열차표를 구할 수 있었고, 드디어 라싸행 칭짱열차에 올라탔다. 예기치 않은 돌발 상황으로 칭해성의 시닝도 여행 할 수 있었다고 위안 삼아 본다.

라싸로 가는 기점인 시닝의 대합실을 광저우보다도 더욱 인산인해였다. 특히 한눈에도 티베트 장족임을 알 수 있는 사람들이 아주 많았다. 사람들의 옷차림이나 생김새가 아메리카 원주민인 인디언 같기도 하고 우리와도 다른 듯 닮기도 하였다. 마치 우리처럼 열차를 놓치면 큰일 날 것 같은 결의에 찬 표정들이다. 역사 안에서도 플랫폼까지 곳곳마다 검색 또 검색이다. 여전히 중국은 줄 서는 문화가 부족하다. 나는 오랜 시간 차례를 기다려야 했고, 많은 짐과 사람들로 내 자리를 찾기도 힘들었다.

이번에 다시 구한 좌석 롼워(軟卧)는 4인 침실 좌석이다. 많이 비싸지만 표가 없기에 어쩔 수 없었다. 그래도 시닝까지 오는 것보다는 조금 더 편히 갈 수 있게 되었다. 그런데 또 문제가 발생

한다. 4인용 침대 좌석인데 남편과 내 좌석이 동떨어져 있다. 어렵게 구한 표이기 때문에 좌석까지는 생각할 엄두가 나지 않았다. 고맙게도 중국인 남자분이 좌석을 바꿔 주셨다. 지금까지 만난 중국인 중 가장 친절했던 분이라 생각된다.

칭짱열차는 5,000m급 고지대 적응을 위해 비행기와 같은 여압 기술이 도입되었고 객실 안에 산소흡입장치가 있다. 워낙 고지대를 지나기에 고산증이 올 수 있기 때문이다. 라싸행 열차에 올라타고 이틀간의 기다림으로 지친 심신을 잠시 내려놓는다. 차창 밖은 아무것도 보이지 않았고 내일을 위해 잠을 청해 본다. 그래도 침대차의 불편함 때문에 쉽게 잠이 오질 않는다.

다음 날 아침 7시. 아직 어둡다. 중국은 전 지역이 같은 시간대를 사용한다. 북경은 7시로 이미 해가 밝았겠지만 이쪽은 서쪽이므로 아직 어두운 것이다. 서서히 여명이 밝아 온다. 차창 밖은 나무도 하나 없는 황량한 벌판이다. 그래도 3, 4월에 비하면 7월이기에 풀밭이 보이고, 야크나 양 떼들도 볼 수 있었다. 달리는 기찻길 옆에 있는 도로를 따라 수레로 이동하는 가족의 모습도 보인다. 저 가족은 어디에서 어디로, 무슨 일로 수레를 타고 이동하는 것일까? 잊히지 않는 모습이다.

멀리 만년설에 덮인 고봉들이 보이기 시작한다.
파란 하늘과 대비되는 하얀 만년설은
이곳이 하늘 아래 첫 동네임을 실감케 한다.
만리장성 건설 이후 중국의 대역사라는 칭짱열차.
그 기차를 타고 옛 차마고도를 향해 달려가고 있다.

나랑 같은 침대칸에는 어려 보이는 소년 한 명, 나이가 좀 들어
보이는 남자분, 그리고 남편과 내가 1박 2일을 함께 타고 가게
되었다. 난 여전히 벙어리였지만 남편이 통역을 해 주었다.

칭짱열차에서 만난 회족 소년

남자분은 상해에서 온 한족이었다. 물 사업을 하는데 라싸로 출장 가는 길이란다. 딸이 셋 있는데 큰딸은 결혼해서 손녀까지 있다고 사진을 보여 주며 자랑을 한다. 중국에서는 남자가 결혼 준비를 다 해야 해서 딸을 시집보낼 때는 돈이 별로 안 든다는 이야기까지 해 준다. 중국은 한 자녀가 많은데 이분은 아들을 얻기 위해 딸을 셋이나 얻으신 것 같다. 얼굴을 봐서는 나이 가늠이 되지 않았다. 나중에 알고 보니 나보다도 세 살이나 어린 분이다. 고생을 많이 했는지 나이가 들어 보였다.

소년은 16살인데 감숙성에서 왔다고 한다. 생김새가 한족이나 티베트족과 다른 모습이었는데 회족이라고 한다. 회족은 처음 들어 보는데 중국 내에서는 한족, 티베트족, 만주족 다음으로 네 번째로 많은 민족이란다. 부모님이 라싸에서 전자제품 가게를 운영하시는데, 중학교를 졸업하고 가게 일을 도와주러 가는 길이라고 한다. 젊은 아이인 만큼 귀에 이어폰을 꽂고 거의 음악만 듣고 간다. 그래도 나랑 사진도 찍고 듣는 음악도 같이 들어 보며 여행길의 지루함을 조금 덜었다.

나에게는 새로운 곳으로의 열차 여행. 그것도 미지의 세계로 가는 여행길에 만난 이 인연들도 쉽지 않은 인연이다. 서로에 대해 잘 알지는 못하지만 각자 가는 이 길에서 행복하고 안전하길

비는 마음은 같을 것이다. 지루하긴 하지만 어렵게 탄 기차인 만큼 안도감으로 마음은 차분해진다.

열차는 다양한 사람들의 삶과
여행자들의 설렘을 함께 싣고 달린다.

배가 고파서 먹으려 했던 빵 봉지가 부풀어 올라 있다. 커피믹스 봉투도. 설마 내 얼굴도 부풀어 오르는 것은 아니겠지 하면서 거울을 한번 본다. 처음 보는 풍경이 차창 밖을 가득 채운다. 열차의 고도가 상당히 높아진 것을 알 수 있었다.

본격적으로 티베트다운 풍경은 해발 2,829미터에 위치한 거얼무에서 라싸까지 가는 길에서 나타난다. 그 길의 길이는 1,142킬로미터이며 그중 960킬로미터가 해발고도 4,000미터 이상이다. 그러다 보니 보이는 나무도 없고 황량하기만 하다. 열차가 고도를 높이면 높일수록 붉은빛의 황량한 풍경이 연속해서 전개된다. 구름이 손에 닿을 듯 다가오며 세계의 지붕 아래 있음을 실감할 수 있었다. 하얀 구름은 곧 내 머리 위에 떨어질 것 같은 느낌이다. 창밖으로 펼쳐지는 웅대한 경관에 한동안 넋을 잃었다.

쿤룬 산맥이 나타나면 열차는 세미루프선을 올라가 산속으로

칭짱열차에서 본 티베트의 하늘

고도에 따른 기압 차이로 부풀어 오른 과자 봉지

나뉘어 들어간다. 한동안 세계에서 가장 긴 동토의 터널이라는 쿤룬산 터널을 통과하더니 세계에서 가장 높다는 탕구라역에 잠시 정차한다. 높이가 5,072미터에 달한다. 갑자기 오래전에 가보았던 우리나라에서 가장 높은 역인 추전역이 생각났다. 강원도 태백에 있는데 지금은 사람이 이용하는 역이 아니다. 무연탄과 같은 화물만 취급하는 역인데 그 높이가 855미터였다. 추전역과 높이를 비교하는 자체가 무리다. 탕구라역의 고도를 생각하며 기차 안에서 크게 심호흡을 해 본다.

탕구라역을 지나면 시작된 내리막길이 밤새 지나고
아침이 밝아 오면서 또 다른 풍경이 펼쳐진다.
하늘은 구름 카펫을 깔아 놓은 듯하고 푸른 초원과
설산이 어우러져 상상도 해 보지 못한 풍경이 나타났다.

근처에서 제일 높다는 탕구라산과 푸른빛이 선명한 춰나 호수가 보인다. 그 호수에 담긴 구름을 보고 카메라를 들이대지 못한 것을 두고두고 후회했다. 이렇게 아름다운 호수를 지나가는 것을 미리 알았더라면 카메라를 들고 있었을 것이다. 여기 오기까지의 고생으로 갑자기 울컥했다. 칭짱열차를 다시 타라면 나는

못 탈 것 같다. 그동안 내 마음대로 다녔던 나로서는 통행허가증
이라는 종이도 겁이 나는 문서다.

〔 늦지 않았어, 오늘이야 〕

의심과 불안 속 라싸와의 첫 만남

긴 시간 동안 마음 졸여 가며 타고 온 칭짱열차가 드디어 티베트 라싸역에 도착했다. 저마다의 사연을 싣고 라싸에 온 무수한 사람들 속에 나도 속해 있다. 꿈인지 생시인지 모르겠다. 사진으로만 보았던 포탈라궁이 있는 라싸에 도착한 것이다. 세상에서 가장 높은 곳에 깊이 숨어 있는 도시. 해발고도가 3,650미터의 도시라서 그런지 발바닥이 내 몸무게를 느끼지 못한다. 하늘 아래 떠 있는 기분이 들었다.

기차에서 내린 거대한 인파에 휩쓸려 역으로 밀려들어 갔다. 중국 정부가 많은 정책 지원금을 주며 이주시켜 온 한족이 경제적으로 티베트인들을 장악하고 있는 곳. 이곳 라싸역에서도 한족과 티베트인들은 외모에서부터 확실하게 구별된다.

남편이 가이드와 미팅하러 간 사이에 라싸역을 배경으로 핸드폰으로 기념사진을 찍었다. 그런데 갑자기 공안경찰이 내게 오더니 핸드폰을 뺏는다. 중국어도 할 줄 모르는 나는 너무나 당황한 나머지 눈물이 났다. 남편은 한족 가이드와 운전수를 만나러 먼저 역 앞에 나가 있었다. 남편과 가이드가 와서 자초지종을 설명하고, 핸드폰에 찍은 사진을 지우고 나서야 돌려받을 수 있었다.

라싸역 앞은 촬영 금지 구역이란다. 도착하자마자 당황하지 않을 수 없었다. 역 출구부터 신분증 검사를 하고, 할 때마다 또 여권과 통행허가증을 보여 달라고 한다. 표 검사만 까다로운 것이 아니고 역 앞에 경찰은 왜 이리 많은지? 라싸라는 도시는 첫 만남부터 날 경직되게 만들었다.

4박 5일 만에 도착한 라싸지만 핸드폰을 뺏겼다가 되돌려받는 해프닝으로 기분이 나질 않았다. 처음 만난 가이드는 멋스럽게 꾸민 한족 청년이었다. 아주 밝게 인사를 하는데 난 웃는 얼굴로 인사할 수가 없었다. 또한, 운전수는 가이드 보다 한 살 어린 청년인데 그에게도 환하게 웃어 주질 못했다.

티베트에서는 현지 차량과 가이드 이용이 필수다. 어쩔 수 없는 선택이었기에 그들의 안내를 받아야만 했다. 낯선 곳에서 낯선 사람을 만나자마자 믿음보다 의심의 눈길로 바라보게 되는 것은 전적으로 중국정부의 티베트 통제의 분위기 때문이었다. 그래도 한국말을 독학으로 공부했다는 가이드 청년의 밝은 미소를 보니 곧 마음이 풀어졌다.

우리에게 환영의 의미로 목에 걸어 준
흰 명주 목도리의 이름은 '하다'.
무슨 종교적인 의식인 것만 같이 느껴져
숙소까지 가는 내내 벗을 수가 없었다.

해발고도 3,650m에 위치한 라싸(拉薩)는 티베트어로 '신의 땅'을 의미한다고 한다. 7세기 토번 왕국의 송첸 감포 왕이 수도로 정한 후 1300여 년 동안 티베트의 중심지 역할을 해 온 도시이다. 17세기 제5대 달라이라마가 시가체 지방의 왕을 평정하고 '간덴 포탄(달라이 라마 정권)' 성립 후 현재의 포탈라궁을 건설하였다고 한다. 1959년 중국 인민해방군이 티베트를 점령하자, 달라이 라마 14세는 인도 망명길에 올랐다. 라싸는 이러한 아픔의 역사를 지닌 도시이다.

라싸 도착 후에 여행사 차량을 이용하여 먼저 숙소로 이동하는데 라싸역이 생각보다 시외 지역에 위치하여 삼십여 분이나 걸렸다. 호텔로 가는 길에 멀리 포탈라궁이 아련하게 보였다. 도착한 호텔은 외형도 꽤 낡아 보였고 물도 안 나왔다. 물이 밤 11시에나 나온다니 어이가 없었지만 그래도 이곳에서는 좋은 호텔이란다.

그런데 여기까지 와서 다시 불안감이 들었다. 한국 여행사가 아니고 티베트 현지여행사를 통해 가이드와 운전수를 소개받고 일체의 비용을 미리 지불한 상태였기 때문이다. 여기까지 오는 과정이 순탄하지 않아, 의심이 의심을 낳고 있었다. 우리의 실수였지만 쉽지 않은 여행길이다.

그리고 이번 여정에서 가기로 한 동티베트의 린즈라는 곳은 한국인 관광객이 잘 가지 않는 곳이라고 하니 여러 가지로 마음이 편치 않았다.

여러 면에서 불안했던 이곳까지의 경험 때문에 호텔에 도착하자마자 영사관 콜센터에 우리의 신변과 이동을 보고했다. 이곳까지 많은 어려움을 이겨 내고 또 칭짱열차 안에서 불편함을 감수하고 왔다. 무사히 라싸에 입성한 것만으로도 감사한 마음을 갖기로 했다.

대단하고 훌륭한 삶이 따로 있는 것이 아니라

어려움을 슬기롭게 풀어 가는 삶이 훌륭한 삶이다.

여행길이든 우리의 인생길이든

일상 속에서 발생하는 많은 어려움을 하나하나

풀어 가는 과정이 삶을 지속시키는 것 같다.

천 개의 방, 수만 개의 스토리

　라싸의 숙소에 짐을 풀고 시간을 보니 아직은 해가 지려면 멀었다. 피곤했지만 너무나 궁금했던 포탈라궁의 외형만이라도 보고 싶어 남편을 졸라 택시를 탔다. 생각보다 택시비가 많이 나왔지만 우리를 포탈라궁 앞에 무사히 내려 준 것만도 감사했다. 이번 여행처럼 불안한 마음이 계속해서 드는 경우도 드물었다.

　티베트 최대 관광지이자 세계문화유산으로 지정되어 있는 포탈라궁 앞에 도착했다. 궁 앞 광장으로 들어가기 위해서도 검문 검색대를 통과해야만 했다. 맞은편 광장에서 포탈라궁의 모습을 열심히 카메라로 찍었다. 빛이 없어지는 일몰 때라 삼각대 없이 찍은 사진이 흔들려 아쉬웠다. 흔들린 사진 속에서도 포탈라궁은 아름답게 빛났다. 광장의 많은 사람들이 포탈라궁을 배경으로 추억을 쌓고 있었다.

일정대로라면, 시닝에서 통행허가증 문제만 없었다면 오늘 포탈라궁의 내부를 보고 내일 조캉 사원을 관람할 예정이었다. 조캉 사원 관람은 라싸를 떠나기 전에 어떻게든 시간을 내서 보기로 했다.

하늘 위의 궁전인 포탈라궁은
일몰의 순간에 더욱 아름답게 빛났지만
아름다워 보이는 만큼 더 쓸쓸해 보이는 건 왜일까?

포탈라궁의 아름다움을 좀 더 느끼기 위해 언덕으로 올라가며 보니 바위 위에 흰색 사다리 그림이 많이 그려져 있었다. 영혼의 사다리. 죽은 사람의 영혼이 하늘에 잘 올라가라는 의미로 내세에 행복한 삶을 염원하는 마음이 담겨 있다고 한다. 나중에 알고 보니 티베트의 황량한 바위산에서도 많이 볼 수 있는 그림이었다. 티베트인들은 살아서도 죽음을 생각하고 죽어서도 영원한 삶을 생각한다.

라싸에서의 둘째 날 역시 마르포리 언덕에 위치한 포탈라궁으로 향했다. 7세기 송첸감포(토번 왕조 제33대 왕)가 처음 지은 궁전

라싸의 상징 포탈라궁

하늘로 올라가길 염원하는 사다리 그림

이다. 1672년 '간덴 포탄(티베트 정부)' 성립 후, 이곳에 다시 궁전을 짓고 티베트 정부의 본거지로 삼은 곳이다. 유네스코 세계문화유산(1994년)으로 지정되었으며, 궁전 내 1,000여 개 방 중 일부만 관람이 허용된다. 가장 높은 건물이 13층이고 높이가 118미터라고 하는데 언덕 위에 지어져 훨씬 높아 보였다.

'포탄 카르보'라는 하얀 궁전에서 달라이 라마가 거처하며 티베트 정치를 관장했고, '포탄 마르보'라는 붉은 궁전에서는 티베트 종교를 관장했다 한다. 주요 볼거리는 붉은 궁전에 위치하며, 그중에서도 높이 17m, 무게 372kg의 황금을 입힌 달라이라마 5세 영탑이 압권이라고 한다. 그러나 안타깝게도 보지 못했다. 개인 여행자는 표를 구하기 어렵기 때문이다. 하지만, 척박한 자연환경 속에 꽃피운 찬란한 문화를 느끼기엔 부족함이 없었다.

흙과 돌과 나무로만 지었다는 포탈라궁. 라싸의 모든 건축물은 포탈라궁의 높이를 넘을 수 없다고 한다. 포탈라궁은 가장 높은 곳에서 300년 넘게 티베트의 영광과 고통의 시간을 견디고 있었다.

천 개의 방은 수만 개의 스토리를 품고 있다고 한다.

각각의 이야기를 다 알 수는 없지만

〔 늦지 않았어, 오늘이야 〕

무력에 의해 나라와 찬란한 티베트 문화의
유산을 빼앗긴 그들의 슬픔이 느껴진다.
방마다 흐느끼는 울음소리가 들리는 듯하다.

며칠 후 에베레스트를 만나고 시가체에서 라싸로 돌아가는 길
에 타시룬포사 사원을 갔다. 티베트 불교의 2인자이자 아미타불
의 화신이라는 판첸라마가 수장이며, 시가체의 상징인 사찰이
다. 라싸에 있는 3대 사원(간덴, 세라, 드레퐁)에 이어 4대 사원으
로 불린다. 1447년 제1대 달라이 라마인 겐둔 둡이 12년에 걸쳐
건립한 사원이다.

17세기 티베트 전역을 통일한 달라이 라마 5세가 라싸에서 멀
리 떨어져 다른 교파의 영향력이 강했던 시가체 지역을 효율적
으로 다스릴 필요가 있었다. 그는 자신의 스승인 판첸이 죽은 뒤
그의 전생자를 선정하여 이 사원의 통치자로 지정하였다. 이에
따라 판첸 라마의 계보가 시작되었다고 한다. 11대 판첸라마가
활동하고 있지만 전통성에 대해서는 여전히 논쟁이 많다고 한
다. 우리나라의 불교계도 여러 종파가 있는 것처럼 티베트 불교
도 한 가지만 있는 것이 아니었다.

사원 입구에 들어서니 넓은 광장이 나오고 광장 너머로 포탈라

시가체의 상징 타시룬포사

궁과는 다른 느낌의 크고 작은 붉은색 건물들이 보인다. 특히 많은 수도승들이 보였다. 사원 안의 길들은 마치 미로 같았다. 지나가는 길에 있는 건물들은 대부분 승려들의 숙소라고 한다. 이곳에서는 승려가 되는 일을 가장 신성하고 값진 일로 여기는 것 같았다. 큰 규모의 사원을 모두 둘러보는 것은 쉬운 일이 아니었다. 에베레스트를 보기 위해 5,000미터가 넘는 곳에서 하룻밤을 보내고 왔기에 더욱 힘이 들었다.

내려가는 길의 담장에 글씨가 많이 쓰여 있어서 가이드에게 물어보았다. 티베트어로 "옴마니반메훔"이란다. 관세음보살을 부르는 불교의 주문으로 이 주문을 외우면 영험을 얻을 수 있다고 한다. "옴마니반메훔"을 따라 해 본다. 좋다는 것은 무조건 따라 하는 것은 아닌지. 이렇게 줏대가 없어서 영험이 있을 리가 있겠나 싶었다.

티베트의 숨겨진 보물, 린즈

라싸를 벗어나 여행자들이 많이 찾는 곳은 아니지만 동티베트의 비경을 보러 떠났다. 린즈라는 곳이다. 티베트 동남부에 위치해 있으며 다른 티베트 지역보다 해발고도는 조금 낮아 약 3,000m 정도이다. 사람들의 발자취가 닿지 않은 지역으로 인류 최후의 비경을 자랑하며 티베트의 강남으로 불린다. 중국 내에서는 유명하지만, 해외에는 별로 알려지지 않은 지역이다.

라싸와 제2의 도시 시가체와도 상당히 멀리 떨어져 있다. 라싸에서 린즈까지는 400킬로미터의 거리다. 가는 길에 가이드와 운전수가 우리에게 운이 좋다고 한다. 그 전에는 15시간이 걸렸던 길이 2017년 하이웨이가 완공되어 5시간에 갈 수 있다고 한다. 우리가 달리는 도로에는 차가 거의 다니지 않았다. 그 옆에는 구

린즈에서 만난 친절한 장족 여인

도로가 지나고 있었다. 상해에서 네팔까지 연결된 도로라고 한다. 무려 그 노선의 길이가 5,400킬로미터라 한다. 사실 단체 여행으로 이 지역을 가는 것이 아니기에 비용이 상당히 많이 들었다. 가는 길에 보니 고도가 낮다는 것을 알 수 있었다. 푸르른 나무와 농사짓는 땅도 보였다.

린즈 시내로 들어서니 라싸보다는 깔끔한 분위기다. 지어진 지 얼마 되지 않은 건물들도 많이 보였다. 가이드가 경찰서에 가서 신고하고 이곳의 여행을 허락받아 왔다. 오후 5시경 도착했으나 비가 내려 숙소에서 쉬기로 했다. 지난밤 라싸에서의 불안감으로 잠을 이루지 못한 탓에 깊은 잠에 빠져들었다.

린즈에서의 둘째 날은 루랑 풍경구를 방문했다. 루랑은 생물 유전자 창고이며 또한 신선이 사는 곳이라 할 만큼 아름다운 경관을 가지고 있다. 날씨가 흐려 간간히 빗방울이 뿌렸다. 나무들이 점점 줄어드는 풍경이 고도가 높아지고 있다는 것을 알려준다.

루랑으로 가는 길은 서지라산을 넘어간다. 해발고도 4,766m인 서지라산 정상에서 난지아바와봉(중국 10대 명산)을 감상할 수 있다고 하는데 흐린 날씨로 인해 볼 수는 없었다. 약간의 현기증을 느꼈는데 남편은 더 힘들어한다. 두통이 난다고 했다. 라싸는 괜찮았는데 고도 4,000미터만 넘어가면 어지럽다고 하는 것을 보니 고산증이 온 것 같다. 그래서 서지라산에서는 오래 머물 수가 없었다.

조금 더 차량으로 이동하여 루랑 임해 전망대에 도착하였다. 다행히도 빗방울은 그치고 있었다. 바다도 없는데 임해라니? 임해라는 지명은 수풀 림(林), 바다 해(海)로 숲이 바다를 이룬다는 뜻에서 유래되었다고 한다. 원시림이 우거진 곳에 와서 그런지

동티베트의 원시림

전망대로 행하는 계단을 내려가면서 내 몸에 산소가 가득 충만해지고 있는 듯했다. 황량한 고지대를 보다가 푸른 숲을 보니 눈도 밝아지는 느낌이다. 이곳 루랑 지역 여행은 대만인에게는 허락되지 않고 홍콩이나 마카오인에게는 허락된다고 한다. 정치적인 갈등으로 여행이 쉽지 않은 지역이다.

천혜의 원시림이 엄청난 산소를 내뿜는다.
멀리 설산과 산림이 만드는 루랑의 자연 경관은
티베트의 또 다른 매력을 보여 준다.

산을 내려오면 루랑 화해라는 목장지대가 나온다. 목장지대에서 말도 타고 활시위도 당겨 보았다. 활쏘기는 생각보다 쉽지 않았고, 말타기는 장족 여인이 도와주어 조금 수월했다. 장족 여인들을 보니 얼굴은 검게 그을렸지만 키가 대체로 크고 미인이었다.

린즈로 돌아가는 길에 차도 넘기 힘든 길을 자전거로 여행하는 청년들을 만났다. 자전거 타기를 좋아하는 나는 그들과 함께 이야기하고 싶었다. 남편의 도움으로 대화를 나눌 수 있었다. 한 명은 23살, 두 명은 24살인 청년이었는데 스촨성의 성도 청두에

쓰촨성 청두에서 티베트 라싸까지 라이딩 중인 청년들

서 라싸까지 라이딩 여행 중이란다.

무려 2,000㎞의 긴 거리를 자전거로 도전을 하다니 그 열정과
젊음이 놀라웠다. 나도 한국에서 국토 종주를 한 여자라고 살짝
자랑을 해 보았다. 이곳에는 자전거 전용도로도 없고 해발고도
5,000m가 넘는 곳도 있어 놀라울 뿐이었다. 길에서 만난 인연이
지만 기념사진도 찍고 그들의 안전한 라이딩을 응원해 주었다.

린즈 방문 다음 날은 카딩고우에 들렀다. 해발고도 2,980m에 위치하며 기후가 온습하고 강수량이 풍부한 곳이다. 아침에 이 곳을 산책하며 천불폭포를 감상했다. 폭포 사이로 자연적으로 형성된 대불이 보였다 안 보였다 한다 해서 이름 붙여진 폭포로 200m의 낙차로 세차게 떨어진다. 그곳을 사진 찍다가 하마터면 카메라까지 젖을 뻔했다.

오는 길에 티베트불교의 성스러운 호수로 알려진 바송초에 들렀다. 티베트어로 '녹색의 물'이란 뜻의 산정호수다. 연화생 스

바송초에서 만난 미인 장족 여인들

님이 요괴와 마법을 겨뤄 물리쳤다는 고사가 전해지는 곳이기도 하다. 산과 푸른 숲 사이에 위치하며 18km로 이어지는 호수에는 다양한 새와 물고기가 서식하고 있다. 호수 주변에는 초송사란 절이 있다. 아담하면서도 한적한 절이었다.

이 호수 주변을 산책하다 패션 감각이 뛰어난 티베트 미인들을 만났다. 그 여인들은 스스로도 미인인 줄 아는지 열심히 셀카를 찍고 있었다. 나와 함께 기념사진도 찍고 인사를 나누었다.

짧은 시간이지만 여행지에서의 새로운 만남도
때로는 큰 기쁨으로 다가온다.

동티베트의 비경을 보고 라싸로 되돌아가는 길 역시 도로에 차가 없었다. 긴 장거리 운전에 운전수가 많이 힘들 것 같았다. 25살인데 벌써 아이가 둘인 아빠란다. 집은 중국 안휘성에 있는데 집에서 맺어 준 인연과 결혼을 했다고 한다. 본인의 집안은 부모가 정해 준 혼처와 결혼을 한다고 하니 나의 부모 세대에서나 들어 본 이야기다. 돈을 벌기 위해 고향집에는 일 년에 두세 번 정도 간다고 한다. 아이들이 보고 싶은 마음을 억누르고 타지에서 일하는 가장의 무게감이 운전하는 그의 손에서 느껴진다. 담배를 많이 피우는 운전사에게 아들 같은 느낌이 들어 건강 생각해서 담배를 줄이라고 한마디 했다.

　가이드는 운전수보다 한 살이 많은 26세의 청년이다. 첫 만남에서부터 세련된 청년으로 보였다. 독학으로 한국어를 공부하고 일찍 가이드 일을 시작한 자기만의 경쟁력을 갖추고 있는 기특한 청년이다. 고향은 쓰촨성이고 돈을 벌어 고향에 부모님 집도 사 드리고 라싸에도 자기 집을 샀다고 자랑한다. 젊은이들과의 대화로 긴 여정의 지루함이 덜어진다.

　새로운 만남은 내게 다양한 생각을 할 수 있는

　영감을 주고 나의 생각의 지평을 넓혀 준다.

　어느새 멀리 포탈라궁의 야경이 아름답게 빛나고 있었다.

해 질 무렵의 포탈라궁

하늘과 가장 가까운 신들의 호수

라싸에서부터 왕복 500㎞ 거리에 위치한 남초로 가는 날은 비가 내렸다. 남편은 고산 증세에 컨디션이 최악이었다. 그래도 이곳까지 왔는데 가 보지 않을 수가 없어서 출발했다. 가는 내내 마음이 불편했다. 하늘도 잿빛이었지만 내 마음도 잿빛이었다. 역시 건강만큼 중요한 것은 없다. 여행에서도 마찬가지다.

나 역시 컨디션이 별로였다. 며칠째 제대로 먹지를 못했다. 사실 새로운 여행지에서는 그 지역의 현지 음식도 먹어 보고, 새로운 음식을 즐겨야 하는데 난 입맛이 너무 토종이다. 내 몸은 뼛속까지 한국 음식을 고집한다. 이런 나를 남편은 안타까워하면서 입에 맞는 것을 찾아 주려고 노력한다. 아침 식사는 며칠째 삶은 계란 두 개로 버티고 있었다. 이젠 계란을 보기만 해도 배

속부터 울렁거린다. 아름다운 호수를 보러 가는데 고산증은 아니지만, 배는 고프고 먹을 수는 없는 원초적인 괴로움이 나를 힘들게 했다.

남초 가는 길에 점심으로 부추만두와 녹두죽을 주문했다. 샹챠이가 안 들어간 음식이니 먹어 보라는 말에 한입 베어 물었다. 티베트에서 처음으로 입에 맞는 음식을 발견했다. 부추만두는 괜찮았고, 평소 호박죽이나 팥죽을 좋아하는 나에게 녹두죽도 먹을 만했다. 한참을 차로 달리다 보니 남초가 가까워졌다.

티베트어로 '남'은 하늘, '초'는 호수를 의미한다. 해발고도 4,718m에 위치한 세계적인 대형 호수이며 하늘과 가장 가까운 호수다. 하늘과 맞닿아 어디가 하늘이고 어디가 호수인지 잘 구분이 안 된다. 동서의 거리가 70㎞이고 면적은 1,920㎢이나 된다. 호수의 크기가 짐작이 안 될 뿐만 아니라 염호다.

중국의 칭하이호 다음으로 두 번째로 큰 염호다. 과거 바다가 융기해서 만들어진 호수다. 남미에 있는 티티카카 호수보다 906m 높다고 한다. 칭짱열차가 라싸로 접어들 때 창밖으로 감상할 수 있다고 하는데 그때는 보지 못했다. 탕구라 산맥이 호수를 에워싸고 있으며 설산과 목초지, 하늘색의 조화가 일품이라고 하는데 흐린 날씨로 제대로 보지 못해 아쉬웠다.

호수 주변은 야크나 양들이 풀을 뜯고 있는 푸른 초원의 모습을 상상했는데, 호숫가는 야크에 올라타고 사진 찍는 관광객들로 떠들썩하다. 고지대에서 자유롭게 이동하며 살아야 할 야크가 관광 상품에 이용되는 모습이 씁쓸하다. 자본주의의 힘이 순수한 티베트의 영혼마저도 변화시키고 있는 것 같았다. 그뿐만 아니라, 호수 주변에서는 야크를 통째로 해체하는 도살장 같은 모습이 여기저기 벌어져 눈길을 괴롭혔다. 야크 고기를 썰어서

하늘 호수 남초

팔고 있었다. 흐린 날씨에 더욱 생경했다. 맑은 날에 남초 호수
를 보았다면 다른 느낌이었을 것 같다.

라싸에서 110㎞ 떨어진 곳에 위치하며 티베트어로 '학의 호수'
또는 '분노한 신들의 안식처'라는 뜻의 암드록초를 보러 가는 날
도 흐렸다. 비가 오니 기온이 내려가서 추웠다. 외투를 별로 챙
겨 오지 못한 나는 숙소 호텔 로비에서 울 스카프를 하나 샀다.
양털로 만든 큰 스카프가 추위를 막아 주기는 했지만, 진짜 양
털은 아닌 것 같았다. 계속해서 떨어지는 털 때문에 신경이 쓰였
다. 그래도 음습한 날씨에 이것마저 없었다면 힘들었을 것이다.

이날은 초모랑마(에베레스트)를 보기 위해 베이스캠프로 향하
는 여정의 시작이었다. 가는 길에 암드록초를 보기로 한 것이다.
옥빛과 푸른빛으로 빛나는 호수라는데 제대로 그 색을 볼 수 있
을지 안타까웠다.

라싸를 벗어나 공항고속도로를 타고 남쪽을 달리다가 서쪽으
로 향한다. 가는 길에 감바라 패스를 지나는데 이곳에 잠시 주차
를 했다. 이곳 역시 장오, 야크, 산양들과 기념촬영을 하고 있었
다. 관광객들을 찾아다니며 사진 찍을 것을 요구한다. 사진에서
나 봤던 장오는 굉장히 큰 개였다. 무서워 보여 가까이 다가서지
도 못했다. 다시 차를 타고 감바라 패스를 지나오니 암드록초가

눈에 들어온다.

해발고도 4,446m에 위치한 암드록초는 면적 700㎢이나 되고 수심 30~40m에 달하는 호수다. 남초, 마나사로바 호수와 더불어 티베트 3대 호수 중 하나로 크기는 남초보다 작지만 아름답기로는 남초보다 한 수 위라는 평가를 받는다.

위에서 내려다보니 옥빛 전갈 모양의 아름다운 호수였다.
맑은 날이었다면 더욱 아름답게 빛날 것이다.

이곳의 날씨도 신의 영역인가 보다. 고원지대이기 때문에 하루에도 몇 번씩 변한다. 날씨도 흐리고 시간도 촉박해 호수 가까이 내려가 보지 못했다. 대신 호수가 보이는 위치에 있는 기념석에서 사진을 찍는 것으로 아쉬움을 달랬다.

티베트인들은 이 호수를 신성시하기 때문에 낚시도 하지 않고 호수의 물을 사용하지도 않는다고 한다. 이 호수가 에메랄드빛으로 아름다운 이유를 알 것 같다.

가장 영혼이 깨끗하고 순수한 나라의 호수인 만큼
감히 그 깨끗함을 표현할 길이 없다.

〔 늦지 않았어, 오늘이야 〕

이번 여행에서 3대 호수 중 마나사로바 호수는 만나지 못했다. 언젠가 만나 볼 수 있는 날이 또 올 수 있을 것이라 기대해 본다.

시가체 가는 길의 티베트 하늘

우주의 어머니, 에베레스트를 만나다

암드록초를 보고 시가체를 지나 에베레스트 베이스캠프를 향
해 가는 길은 멀고도 험했다. 암드록초에서 내리던 빗방울이 다
행히 오전에 그치자 시원함마저 드는 선선한 날씨가 됐다. 우리
나라는 지금 때 이른 폭염이 시작되었다는데, 이곳은 고산기후
로 일 년 내내 선선하다. 물론 강수 변화와 일교차가 심하다.

서티베트 시가체 가는 길에는 식생은 없었지만, 오랜만에 보는
맑은 하늘이 반가웠다. 달리는 차창 밖 세상은 어디를 보아도 나
무 하나 없이 황량하다. 도로 옆 바위산들의 돌덩이들은 당장이
라도 떨어질 듯 위태롭다. 그곳에 그려진 사다리 그림도 여럿 눈
에 띈다. 그 바위산을 그나마 화려하게 보이게 하는 것은 불경이
나 소원을 적은 오색 타르초가 휘날리고 있는 모습이다.

타르초는 오색 천에 불경을 새겨 놓은 깃발이라 하여 중국어로
'오색경번'이라고도 한다. 파란색은 하늘, 하얀색은 구름, 빨간색
은 불, 녹색은 물, 황색은 땅을 상징하는데 천에 기록된 경전이
바람을 타고 온 세상에 전파되기를 염원한다고 한다.

황량하고 척박한 이 환경 속에서도
깊은 불심으로 감내하며 살아가고 있는 것이다.
티베트인의 순수함에 더해 타르초는
단순한 천이 아니라 신비로운 경전 같다.

우리나라 고속도로와 달리 중국의 하이난과 티베트 지역은 통
행 요금이 공짜라고 한다. 다니는 차가 없는 와중에 현대 자동차
한 대가 달리는 것이 보였다. 반가움에 나도 모르게 손들어 본
다. 시가체 가는 길에 장쯔현이 있다. 이곳에도 많은 유적이 있
어 볼거리가 많다고 하는데 시간상 그냥 지나치기로 하였다.

늦은 시간에 시가체에 도착했다. 드디어 내일은 에베레스트를
보러 서티베트로 깊숙이 들어가야 한다. 라싸에서 이곳까지 260
㎞를 달려왔다. 해발고도 3,850m인 시가체는 라싸보다는 작고
더 소박했다. 판첸라마(겔룩파에서 달라이 라마에 이어 두 번째 고승

이자 지도자)가 거주하는 도시로 볼거리는 타시룬포사 사원이다. 에베레스트 베이스캠프를 가는 것이 더 중요하기에 체력 소모도 줄이고 고산증도 무시할 수 없어 돌아가는 길에 들르기로 했다.

다음 날 에베레스트 베이스캠프를 가기 위해서는 특수한 통행증이 필요했다. 어제 늦은 시간에 도착한 탓에 아침 일찍 경찰국에 들러야 해서 출발이 늦어졌다. 티베트의 3대 도시 라샤와 시가체, 린즈에 입성해서는 반드시 경찰국에 신고해야 한다. 한족이 아니고서는 다니기 힘든 곳이다.

시가체를 출발한 지 2시간쯤 지나니 검문소가 나왔다. 검문을 마치고 달리는데 운전수가 그냥 이유 없이 차를 세운다. 담배를 피우기 위해 세우는 것 같아 화가 났다. 그런데 알고 보니 티베트는 검문소에서 차량 통과 시간을 기록한다고 한다. 속도를 많이 냈을 경우에는 다음 검문소에 도착하기 전에 잠시라도 정차해서 시간을 확보하고 다시 출발해야 한다고 한다. 도로에 차가 없다고 무조건 빨리 달릴 수 없다. 맑고 깨끗한 하늘과 공기를 유지하기 위한 작은 노력이다.

달리던 차가 속도와 거리를 맞추기 위해 기다리는 것을 보니 여러 생각이 교차한다. 요즘 내가 새롭게 갖게 된 취미 중 하나가 자전거 타기다. 59㎞를 타고 나면 60㎞를 채우려 하고, 97㎞

를 타면 100㎞를 채우려 하는 나를 발견하고는 이건 무슨 욕심이지 하는 생각이 들었다. 뭔가가 채워지지 않으면 허전했다. 빨리 가고 많이 타려는 욕심을 내고 있었다.

산에서도 빠르게 오르는 거리만큼 급경사다.
우리의 삶에서도 빨리 가려면
그만큼 힘든 이치와 같지 않은가.
천천히 가면 힘들지 않다.
산에서는 한 걸음 한 걸음이 중요하다.

달리다 서다를 반복하던 중 가이드가 여러 가지 이야기를 많이 해 주었다. 결코 기다림이 헛된 것은 아니었다. 티베트는 내가 생각한 것보다 훨씬 광대한 지역이다. 크게 7개 지역으로 나뉜다고 한다. 아름다운 경치를 많이 지닌 린즈 지역, 정치의 중심지 라샤, 종교사원이 많고 문화의 중심지인 시가체 지역, 칭짱열차가 지나온 면적이 가장 큰 나취 지역, 라샤에서 가장 멀리 떨어진 아리 지역, 중국 사천성과 가까운 사천 지역, 라샤의 서남쪽에 위치하며 공항이 있는 산남 지역이다.

지금은 시가체를 지나 초모랑마(에베레스트)를 만나러 가는 길

〔 늦지 않았어, 오늘이야 〕

이다. 이 도로가 중국 상해에서 네팔까지 연결된 가장 긴 국도인 318번 국도다. 칭짱열차뿐 아니라 2020년 완공 예정으로 칭짱고속도로도 건설 중에 있다고 하니 교통 사정은 앞으로 훨씬 좋아질 것이다.

황량한 도로 옆을 지나다 보면 가끔은 장족 주거지들이 눈을 즐겁게 한다. 빨간색과 흰색, 검은색의 천들이 펄럭이는 것을 볼 수 있다. 빨간색은 지혜의 문수보살을, 흰색은 대자대비 관세음보살을, 검은색은 힘의 화신 금강 보살을 나타낸다. 창문이나 문 옆에 두어 귀신이 집 안으로 들어오는 것을 막는다고 한다. 그들이 생활하고 있는 집 내부는 볼 수 없어 아쉬웠다. 외부 모습만으로도 장족의 집은 하나하나가 사원이다. 종교가 곧 삶인 그들을 충분히 느낄 수 있었다.

가이드가 산 중턱을 손가락으로 가리키며 조장대라고 한다. 내가 오래전에 보았던 다큐에서 장족들의 장례 문화인 조장이 너무 충격적이어서 궁금했었다. 산 중턱에 발가벗겨진 시체를 두고 안치한 뒤 승려들이 향을 피우고 경을 읽고 새들을 불러 모으는 일을 한다. 사람이 있으면 새가 다가오지 않기 때문에 승려들은 산에서 내려온다. 그 의식 후 수십 마리의 독수리와 까마귀 떼들이 달려든다.

그 방법이 내 눈에는 너무 잔인해 보였다. 물론 자연에게 남김 없이 나눠 주고 무(無)로 돌아가는 장례문화라고 하는데 아직도 그 풍습이 있는지 물어보았다. 지금은 많이 사라졌다고 한다. 조장 외에도 티베트에는 수장도 있다고 하는데 환경보호를 위해 수장은 금지되고 있단다.

티베트인들은 인간과 자연, 하늘과 땅의 경계도 없고
삶과 죽음의 경계도 없는 삶을 살고 있다.
이곳의 이방인인 나로서는 받아들이기 힘든
부분도 있지만 살면서도 죽음을 생각하는
그들 삶의 정신적인 힘을 느낄 수 있었다.

충분히 시간이 지난 후 차는 다시 출발했다. 얼마쯤 달렸을까, 한 번도 막힌 적이 없는 도로에서 차량이 움직이지 못하고 꼼짝을 안 한다. 운전수가 담배를 한 대 물고 이유를 알아보러 나갔다. 공사장을 이동 중이던 큰 덤프트럭이 고장 나서 멈춰 섰다고 한다. 언제까지 기다려야 할지 알 수 없다고 한다. 나와 남편은 답답하고 초조해졌다. 그런데 운전수와 가이드는 음악을 들으며 신나는 음악에 어깨도 들썩인다.

〔 늦지 않았어, 오늘이야 〕

두 사람은 웃는 얼굴, 두 사람은 찡그린 얼굴.

내가 걱정한다고 해결될 문제는 아니었다.

티베트에서 느림의 미학을 배운다.

절대 서두르지 않는다. 고지대라 고산증의 위험도 있지만 모든 것이 느긋하다. 나라면 도로에 차가 없으면 신난다고 달렸을 것이다. 그러나 이곳은 천천히 가고 하염없이 기다리기를 반복한

초모랑마를 만나러 가는 가초랍산 입구에서

다. 어떤 상황에서도 휘둘리지 않고 느긋한 그들이다.

멀리 눈 덮인 설산이 보이고 구름은 내 머리 위에 있었다. 너무 맑은 하늘이다. 이곳이 가초랍산 입구다. 해발고도 5,248m를 나타내는 표지석이 보인다. 가이드가 잠시 기념사진 찍으라고 시간을 준다. 오고 가는 차량도 없어 멀리 설산을 배경으로 점프를 하며 인생 샷도 남기고 싶은데 머리가 어지럽다. 게다가 바람까지 심하게 불어 오래 있을 수가 없었다.

차에 올라타는데 장족 주민들이 몇 명 다가와 기념품을 사 달라고 조른다. 이럴 때가 가장 난감하다. 이 높은 곳에 어떻게 사람이 살고 있는 건지 아니면 생업을 위해 여기까지 온 것인지 모를 일이다. 여하튼 열심히 사는 모습에 고개가 숙여진다.

가초랍산을 내려온 지 얼마 지나지 않아 작은 마을이 나타난다. 이곳이 에베레스트와 가장 가까운 마을이다. 등반하는 사람들에게는 아주 중요한 역할을 하는 마을이다. 많은 여행객들이 이곳에서 숙박을 하기도 한다.

가이드가 우리를 어느 가게로 데려간다. 바로 침낭과 옷, 산소통을 대여해 주는 곳이다. 산소통과 침낭 그리고 두꺼운 패딩 잠바를 빌렸다. 산소통 대여금액이 꽤 비싸서 남편이 사용할 것만 빌리고 싶었다. 나는 안 빌리겠다고 했는데도 자다가 돌발 상황

초모랑마 베이스캠프에서 사용할 산소통

이 생길 수 있어 준비해야 된다고 한다. 비싼 대여료가 아까웠지만 안전을 생각하면 어쩔 수 없는 선택이다. 베이스캠프는 여름일지라도 해가 지고 나면 겨울이라고 한다. 이미 고산증으로 두통과 무기력증, 감기 몸살까지 온 남편. 나도 이틀 전부터 고열과 감기몸살을 앓고 있었다.

대부분의 여행객들은 암드록초를 보고, 시가체 관광만 하고 라싸로 돌아간다고 한다. 그런데 내가 에베레스트를 한번 보고 싶다고 해서 무리하게 만든 일정이었다. 이동 거리도 만만치 않았고 변화무쌍한 날씨로 인해 볼 수 있다는 보장도 없었다. 하지만 포기할 수는 없었다. 여기까지 달려온 거리와 수고를 헛되게 할 순 없지 않은가. 남편도 고군분투를 하고 있었다. 나도 왜 하필이면 고열까지 나는지 속상하였지만 돌이킬 수는 없었다. 다행히 한국에서 미리 지어 온 감기약이 있어 버티고 있었다.

틴그리 마을을 지나니 곧 에베레스트 검문소가 나타난다. 이번에는 모든 사람이 차에서 내려 검문을 받는다. 이곳에 오니 우리처럼 에베레스트 베이스캠프로 가는 사람들을 볼 수 있었다. 검문소를 지나니 나무 하나 없는 주변의 산들의 생김새가 매우 신기했다. 베이스캠프의 고도도 5,000m가 넘는 곳인데 그곳을 차로 간다는 것이 상식적으로 이해가 되지 않아 자꾸 운전수에게 물어보게 되었다. 무섭지 않느냐? 얼마나 더 가야 하느냐? 가는 길 내내 무척 귀찮게 하였지만, 위험한 길이긴 하지만 많이 다녀봐서 괜찮다고 나를 안심시킨다.

몸 컨디션도 문제였지만
겁이 많아 두려워하고 있는 내가 문제였다.

초모랑마 베이스캠프 가는 길에 자우라 고개

한참을 지나다 보니 산등성이에 특이하게 생긴 길이 보인다. 바로 이곳이 자우라 고개였다. 고갯길은 그야말로 지그재그로 정신을 쏙 빼놓을 정도다. 베테랑 운전수가 아니면 운전하기 쉽지 않아 보였다. 커브 길을 오르길 한참 만에야 잠시 차를 세운다. 속까지 울렁거리는 것이 멀미가 났다. 뒤를 돌아보니 끝이 안 보이는 S자 커브길이었다. 이곳 전망대에서는 에베레스트산이 보이지는 않는다.

올라온 만큼 다시 이 고개를 내려가야 했다. 내일 다시 시가체로 돌아갈 때 다시 이 고갯길을 넘어야 한다. 내일 일어날 일까지 생각하니 머리가 아파 왔다. 세계 최고봉을 보러 가는 길은 쉽지 않았다. 자우라 고개를 넘어 룽푸 사원에 도착했다. 이 사원은 에베레스트산으로 가는 길목에 위치하며 세계에서 가장 높은 곳에 위치한 사원으로 유명하다. 이 사원의 내부는 구경하지 못했고 이곳에서도 에베레스트는 보이지 않았다.

하늘이 안개인지 구름인지 분간이 안 갈 정도도 흐리다. 이렇게 멀리까지 고생해서 왔는데 볼 수 있는 확률이 그다지 높지 않다니 실망감이 앞선다. 우기인 데다가 건조하지 않아서 맑은 하늘을 보기가 쉽지 않다. 그리고 보니 한국은 찌는 듯한 무더위였는데 이곳은 시원하다. 하지만 흐리고 비가 내리는 날이 많았다.

남초 가는 길도 그랬고, 린즈 루랑 지역에서도 빗방울을 맞았다.

이곳에서는 도로 위를 야크 떼가 막는 경우가 종종 있다. 그들이 지나가길 기다리는 수밖에 없다. 티베트에서 야크는 소처럼 밭을 갈거나 짐을 나를 때 이용된다. 또 야크의 기름은 사원에서 연료로 사용되고 특히 야크 똥은 난방연료로 사용되기 때문에 아주 소중하고 고마운 동물이다. 티베트에서 가장 많이 본 동물이기도 하다.

검은색 야크를 주로 보았는데 흰색 야크도 많고 아리 지역에 가면 황금색 야크도 볼 수 있단다. 황금색 야크는 귀족 대접을 받는 보호 동물이라고 한다. 아리지역은 라싸에서 가장 멀기 때문에 가 볼 수가 없는 지역이다. 야크로 만든 초콜릿과 캐러멜을 사 먹었는데 우유 맛에 고소한 풍미가 있었다. 야크는 해발 고도가 높은 이 지역 사람들에게 자기의 모든 것을 아낌없이 내어 주고 있었다.

룽푸 사원에서 얼마 지나지 않아 드디어 에베레스트 베이스캠프에 도착했다. 처음 보는 광경이었다. 거대한 천막촌을 이루고 있다. 세계 각지에서 에베레스트를 보기 위해 온 사람들이 이곳에서 하루를 묵는다. 천막들마다 번호가 붙어 있다. 우리가 예약한 천막으로 들어가서 짐을 풀었다. 천막 내부는 상당히 큰 규모였는데 난방이 되지 않아 여름인데도 추웠다. 해가 지기 전에 에베레스트를 보기 위해 다시 나왔다.

이 야영지는 실제 에베레스트산을 등정하기 위한 전문산악인이 이용하는 베이스캠프는 아니다. 일반 여행자들이 가장 가까이서 에베레스트산을 볼 수 있는 위치에 천막촌과 주차장을 만들어 놓은 곳이다. 이곳에서 바라볼 수 있는 부분은 에베레스트산의 북쪽 면이다. 요즈음 이곳은 쓰레기 문제가 심각해서 사회

문제가 되고 있는 지역이기도 하다.

중국은 땅이 넓은데도 모든 지역이 같은 시간대를 사용하기 때문에 서쪽 끝에 위치한 티베트는 해가 늦게 진다. 컨디션은 완전 엉망이었지만 에베레스트를 볼 수 있다는 기대감으로 두근거렸다. 앞에 보이는 봉우리가 에베레스트인 줄 알았는데 아니란다. 그 뒤쪽 봉우리인데 구름과 안개에 가려 보이질 않는다는 답변을 들었다. 해발고도가 5,200m나 되니 숨도 차고 어지러웠다.

에베레스트는 그 모습을 쉽게 보여 주지 않았다. 너무 춥고 감기몸살로 힘들었다. 천막 안으로 들어와 바로 침낭 속으로 파고들었다. 몸을 눕히자마자 빨리 나와 보라고 가이드가 부른다. 후다닥 달려 나가니 믿을 수 없는 광경이 눈앞에 펼쳐졌다. 구름이 걷히고 에베레스트가 일몰과 함께 마지막 순간을 잠시 보여 주고 사라지는 것이다. 고소증과 감기몸살이 씻은 듯이 낫는 것 같았다.

세계 최고봉 에베레스트(8,848m)를 해발고도 5,200m에 위치한 이곳에서 볼 수 있었던 것 자체가 감동이었다. 가이드 말로는 아주 운이 좋다고 했다. 에베레스트산은 티베트어로 '초모랑마'라고 하는데 중국어는 음을 그대로 차용하여 '주마라마펑'이라고 부른다. 원래 높이가 8,848m였으나, 요즈음 정상의 눈이 녹아

초모랑마(에베레스트)를 잠시 만나다

8,844m라고 한다. 티베트어로 초모랑마는 '우주의 어머니', '지구의 여신'이라는 뜻을 지니고 있다.

시시각각 변화하는 일몰 속의 에베레스트는
위풍당당하게 보이기도 하고 외로워 보이기도 했다.
어떤 사진으로도 담아내지 못할 것 같아
에베레스트를 마음과 눈에 담을 수밖에 없었다.

아마도 소중한 내 인연들이 덕을 많이 쌓아 나도 그 덕을 같이 나누어 가진 게 분명하다. 곧 사라질 걸 알기에 지켜보는 순간 내 가족과 내 친구들의 건강도 염원해 보았다. 이 순간 이 자리에 있었다는 것이 참 감사하다. 그리고 거대한 설산 앞에 나는 한없이 작아 보였다.

그날 밤 남편은 산소통을 끼고 잠이 들었고, 나는 천막에서의 하룻밤이 불편하기도 하고 에베레스트를 봤다는 흥분으로 쉽게 잠을 이룰 수 없었다. 대자연의 위용 앞에 너무나 작게 느껴지는 인간이다. 새벽에 일어나 그 위용을 다시 한번 보고 싶었지만 실루엣조차 보여 주질 않았다. 그곳에 항상 머문다고 볼 수 있는 것이 아니었다.

삶은 순간순간의 연속이고

그 순간마다 찾아오는 크고 작은 기쁨들이

우리를 계속 살아 나가게 하는 힘이라 생각했다.

슬픔이 찾아와도 내 삶의 한 부분이다.

만약에 이곳까지 와서 보지 못했다 해도

여기까지 오면서 품은 기대감과 설렘

또한 나의 소중한 삶의 한 조각이다.

초모랑마를 보고 오는 길에 만난 소년. 타르초에 소원을 적다.

칭짱열차를 타고 5,000m 넘는 곳을 지나오기는 했지만 5,000m
가 넘는 곳에서 잠을 자는 경험도 처음이다. 모든 것이 처음이
다. 처음이라 설렘도 크고 두려움도 크지만, 그만큼 오랫동안 내
기억에 남아 있을 것이다.

이곳까지 오던 길을 되짚어, 히말라야 산맥을 가로질러 시가
체로 돌아왔다. 오는 길에 대여했던 산소통과 패딩 잠바, 침낭을
반납했다. 어느 소년이 길에서 호객 행위를 한 것이지만 소원을
써서 타르초를 걸어 보는 일에 기쁘게 동참했다. 나의 소원은 나
와 내 소중한 사람들의 건강이었다. 멀리 히말라야의 바람을 타
고 하늘에 닿기를 나도 빌어 보았다.

조캉 사원에서 만난 오체투지 순례자들

여행자의 눈에는 라싸의 포탈라궁이 티베트의 역사와 문화, 정치, 종교의 중심지로 티베트를 대표한다고 여길지 모르지만 티베트인들에게는 포탈라궁보다 종교와 정신세계의 구심점 역할을 하는 곳이 조캉 사원이다. 조캉 사원이 있는 바코르 광장에 도착하니 바코르 광장을 알리는 표지석이 보였고 저 멀리 조캉 사원의 입구가 보였다. 조캉 사원 입구에는 많은 순례자들이 오체투지를 하고 있었다. 자신의 교만과 어리석음을 참회하면서 부처에게 자신을 온전히 맡기는 절대 항복을 나타내는 오체투지.

오래전 〈차마고도〉라는 다큐에서 멀고도 험함 길을 오체투지를 하며 라싸를 향해 가던 영상은 내게 충격으로 다가왔다. 중국 서남부 운남성에서 사천성, 티베트를 넘어 네팔 인도까지 이

조캉 사원 앞에서 만난 할머니

어지는 장대하고도 험한 문명 교역로를 다룬 영상이었다. 그 영
상에서 잊지 못할 장면은 오체투지를 하는 순례자의 모습이었
다. 먼 거리를 오체투지를 하며 오는 사람들의 마지막 종착지가
조캉 사원 앞이었다.

큰 고통을 감내하면서 오체투지를 하는 티베트인들.
티베트인에게 종교는 그들의 삶 위에 존재한다.
척박한 자연환경과 열악한 생활환경 속에서 정신만은

295

뚜렷하고 굳건한 그들의 삶이 감동으로 다가왔었고,

티베트에 꼭 와 보고 싶은 이유이기도 했다.

처음 보는 광경에 난 한동안 넋이 나갈 정도였다. 할머니에서
부터 젊은 남자까지 많은 사람들이 간절한 염원의 눈빛으로 온
몸을 내던지며 절을 하고 있다. 검게 탄 얼굴에는 힘든 표정보다
는 평온함이 깃들여 있었다. 얼마나 먼 거리를 오체투지를 하며
이곳까지 온 것일까. 어떤 티베트인은 단기간이 아닌 몇 개월 이
상씩 먼 길을 온 사람들도 있다고 한다. 집으로 돌아갈 때도 다
시 여러 달을 오체투지를 하며 돌아가기도 한단다.

이렇듯 티베트 불교 최고의 성지이며 티베트의 심장인 조캉 사
원은 티베트를 통일한 토번 왕국의 33대 왕인 손챈캄보 왕에 의
해 건축되었다. 본당의 석가모니 상은 641년 당나라 태종의 조
카딸인 문성공주가 손챈캄보 왕에게 시집올 때 가져온 것이라고
한다. 이곳이 가장 성스러운 사원으로 존중받는 것도 석가모니
불상 때문이다. 중국이 티베트를 점령하고 문화혁명 기간 동안
육천여 개의 티베트 사원이 파괴되었다고 한다. 조캉 사원도 한
때 돼지우리로 사용하게 했다는 말도 있다. 1979년 이후 조금씩
재건되어 지금의 모습을 갖추게 되었다고 한다.

조캉 사원 마당에는 버터 촛불이 밝혀져 있고, 수많은 순례자들이 사원의 대법전으로 들어가는 광경을 볼 수 있었다. 참배자는 시계 방향으로 예배를 드리며, 바깥쪽에는 마니차가 늘어서 있는 회랑이 둘러싸고 있는데 이곳도 시계 방향으로 관람하게 되어 있다. 사원 입구에 정성을 다해 오체투지를 하는 사람들을 보았지만 아주 작은 건물 앞에서도 한다.

입장권을 사서 사원 안으로 들어가니 때마침 예불을 드리는 시간이라 빨간색 예복을 입은 수많은 승려들이 예불 드리는 모습도 볼 수 있었다. 조캉 사원의 3층까지 올라가면 바코르 광장과 천으로 묶은 높은 기둥이 내려다보이고, 오른쪽으로는 포탈라궁이 보인다. 이 광장은 티베트인들이 중국에 항거하기 위해서 봉기한 곳으로 유혈 사태가 많이 있었던 곳이라고 한다. 주변의 상점들은 그런 흔적들을 지우기 위해서 지어진 건물들이라고 한다.

조캉 사원의 내부를 구경하고 나와서 바코르 거리를 둘러보았다. 조캉 사원을 둘러싸고 있는 이 바코르 거리도 중요한 순례길 중 하나이다. 이 바코르에서도 조캉 사원을 중심으로 오른쪽 방향으로 돌아가며 순례한다. 조캉 사원의 외부를 도는 일도 티베트인들에게는 아주 중요한 일이다.

조캉 사원으로 온 순례자들

바코르에서 만난 오체투지 하는 모녀

모녀 사이로 보이는 여자 둘,

걷기도 힘들어 보이는 나이 드신 할머니,

많은 사람들이 저마다의 소원을 염원하며

오체투지를 하며 광장을 돌고 있었다.

이들은 어디서부터 오체투지를 하고 온 것인지 옷의 무릎 쪽
은 다 헤져 있다. 얼굴엔 웃음기 하나 없지만 간절함과 비장함이
느껴지는 표정이었다. 무엇을 소원하며 오체투지를 하는 것인지
나의 마음 나의 무릎까지 아파 온다.

바코르 광장에는 외국인들도 많이 보인다. 정치의 중심지가 포
탈라궁 쪽이라면 이곳 조캉 사원과 바코르 광장이 가장 티베트
스럽고 장족의 종교와 문화가 짙게 나타나고 있다. 그래서 외국
인들이 신비스럽고 비밀스러운 동양의 멋을 느끼기에 충분하다.

시간이 멈춰 버린 것 같으면서도

아주 느린 움직임을 보이는 이곳.

현세도 내세도 아닌 특별한 세계에 와 있는 듯,

존재의 인식도 사라지는 느낌마저 든다.

바코르에서 만난 삼총사 할머니들

그 많은 사람들 속에서 붉은 의상의 할머니 세 분이 눈에 들어온다. 할머니 삼총사 모습에 나의 소중한 친구들이 생각났다. 우연한 기회에 서로 알게 된 나의 친구들. 서로 다르지만 같기도 한 우리들이다. 함께하지 못했던 지나온 시간의 아쉬움도 있지만 앞으로 함께할 시간들을 더욱 기대하게 하는 친구들이다. 우리도 저런 모습으로 늙어 가지 않을까라는 생각이 들었다.

그 친구들을 위한 선물을 사기 위해 기념품 가게를 여기저기

둘러보았다. 호기심을 불러일으키는 물건들이 많았지만 대부분 공산품은 중국에서 온 것들이다. 이 바코르 거리는 순례길이기도 하지만 버터와 치즈, 식료품, 불교 용품 등 티베트 특산물을 판매하는 수많은 기념품 가게들이 있어 색다른 문화체험 공간이기도 하다.

1950년대 중국의 무력 침공으로 수천 년의 역사에 종지부를 찍은 티베트는 문화대혁명 때 그 문화가 철저히 파괴되었다. 하지만 내가 본 티베트는 뿌리 깊게 남아 있다 되살아나고 있는 느낌이었다. 티베트의 외형은 변화시킬 수 있을지 몰라도 그들의 정신은 불멸할 것으로 보인다.

그들의 생활 모습과 환경에서 깊은 슬픔이 보인다. 하지만 그들의 꾸밈없는 따뜻한 미소 속에서 운명에 순응하며 다음 생을 기다리는 편안함이 보인다. 부처님도 보리수 아래에서 극한의 고행 끝에 깨달음을 얻은 것처럼 내가 본 티베트인들은 오체투지의 극한의 체험을 통해 고행을 하고 깨달음을 얻고 있었다.

본인의 삶뿐만 아니라 세상의 살아 있는

모든 것에 대한 행복을 기원하며

부처께 드리는 기도라니….

나도 모르게 숙연해지며 나만을 위한 삶만

생각하기에도 바빴던 지난날을 반성했다.

〔 늦지 않았어, 오늘이야 〕

조캉 사원 앞에서의 결혼식

티베트의 어제와 오늘

4부

두 바퀴의 유혹에 빠지다

자전거는 스트레스와 면역력 저하로 한때
안면신경마비를 겪었던 내게 선물처럼 다가왔다.
지난날에 대한 후회와 자책도 줄어들었다.
달리고 또 달렸다, 오로지 내게만 집중하면서….
또 다른 나의 새로운 면을 찾아가는 중이다.

내게 선물처럼 다가온 자전거

"숙희야~ 너도 한번 올라타 볼래?"

어느 봄날 친구들이 금강이 굽이쳐 흐르는 옥천으로 자전거를 타러 간다고 했다. 「향수」의 작가 정지용 시인이 태어난 고장으로도 유명하다. 난 자전거도 못 타면서 얼떨결에 따라가게 되었다. 「향수」 노랫말에 등장하는 실개천의 모습도 궁금하고 벚꽃이 흐드러지게 피어 있는 옥천 향수 100리 길도 궁금했다. 무엇보다도 생활에서 벗어나 잠시 봄을 느끼고 싶은 마음에 동행한 길이었다.

나는 어린 시절에도 자전거를 타 보지 못했다. 굴러가는 모든 것의 속도감을 무서워하는 나는 놀이기구 타는 것도 싫어한다. 자전거를 타는 친구들의 모습을 차를 타고 가면서 바라보기만 했다. 점심시간 도리뱅뱅이라는 음식과 막걸리를 마시며 웃고 떠드는 사이에 한 친구가 도와줄 테니 자기 자전거를 타 보라고 한다.

난 오십하고도 반이 훌쩍 넘어서야 처음으로 자전거를 올라타 보게 되었다. 남들은 별일 아닐 수 있지만 내게는 별일이었다. 큰 용기가 필요했다. 예전에 계단에서 실수로 굴러떨어져서 6개월 남짓 고생한 나로서는 떨어질 것에 대한 두려움도 많았다. 물론 전혀 탈 줄 몰랐던 나는 올라타는 순간 공중에 떠 있는 느낌이었다. 무서워서 바로 내려온다고 하니 친구가 잡아 준다고 바퀴를 돌려 보라고 한다. 겨우 몇 바퀴를 돌려 보고 놀란 표정을 지었고 그런 내 모습을 보면서 친구들은 웃었다.

친구들은 옥천 향수 100길에 이어 다음 달에는 인천 앞바다에 있는 신도, 모도, 시도로 자전거를 타러 간다고 한다. 자연이 좋고 친구들과의 만남이 즐거워 나도 함께 가고 싶었다. 그날 이후 난 한강변에 가서 자전거를 빌려서 연습해 보았다. 추억의 물품이라 아직 버리지 못하고 있었던 무릎 보호 장구를 차고 넘어지기를 반복했다. 어린 시절의 아들이 인라인 스케이트를 탔을 때 사용했던 보호 장구이다. 여의도 한강 변에서 자전거를 타고 있는 내 모습을 누군가 보았다면 박장대소했을 것이다.

그동안 난 스스로 아주
정적인 사람이라 단정 짓고 살았다.

어린 시절에는 주로 종이 인형의 옷을 만들어 입히는 놀이를
하며 하루를 보냈었다. 때로는 내가 커서 살 집을 그려 보고 마
치 건축설계사라도 된 것처럼 미래의 나의 집에 행복해하기도
했다. 한때는 영화광으로 몇 년도 아카데미 작품상과 남우·여우
주연상 등을 외울 정도로 영화에 빠지기도 했었고, 뜨개질에 빠
져 이 옷, 저 옷 만들어 입기도 했다. 별로 좋아하지 않는 동생들
옷까지 만들었었다.

라흐마니노프의 피아노 협주곡 2번과 브람스 교향곡 3번으로
온종일 보내기도 했다. 이런 내가 바깥에서 몸을 움직여야 하는
자전거 타기에 빠진 것이다. 여의도에 가서 자전거를 빌려 타고
연습을 하느라 하루 내내 보내기도 했다. 나의 자전거 타기 도전
으로 그해 봄은 그렇게 빨리 지나갔다.

여름으로 가는 어느 날 내 소유의 자전거도 없으면서 신도, 모
도, 시도를 무조건 따라갔다. 영종도 북측 삼목선착장에서 배로
10분 거리에 위치한 섬이다. 자전거 마니아들 사이에는 이미 너
무 유명한 초급 코스이며 고갯길과 내리막길이 적절하게 조화를

이루고 있는 아름다운 지역이라고 한다. 신도에서 시도, 모도까지 3개의 섬을 구석구석 모두 돌면 21킬로미터 정도의 거리다.

섬에 도착하자마자 자전거를 빌리고 잘 타는 친구의 도움을 받아 정말 조심해서 타기 시작했다. 하지만 전용 자전거 길도 없는 곳에서의 라이딩은 내게 21킬로미터의 거리가 100킬로미터로 느껴질 만큼 긴장감을 주었고, 섬을 이어 주는 아름다운 경치는 눈에 들어오지 않았다. 설상가상으로 넘어지기까지 하여 결국 내 몸에 상처를 남기고 말았다. 그래도 작고 아름다운 섬 해안을 자동차가 아닌 자전거로 돌아본 뿌듯함이 날 미소 짓게 했다. 돌아오는 길의 석양은 유난히도 아름답게 물들었다.

자전거가 어느 순간 내 가슴에 훅 들어온 것이다. 자전거를 생각하면 웃음이 나고 하루가 즐거웠다. 그해 여름은 한강 바람이 더위를 식혀 주는 재미에 푹 빠져 살았다. 자전거를 빌려 타다가 친구의 추천으로 내게 적당한 자전거를 구입했다. 자전거가 생기니 더 많이 타고 싶어졌다. 짧게는 집에서부터 여의도로 왕복 20킬로미터를 타기도 하고 좀 더 용기를 내어 반포까지 왕복 40킬로미터를 갔다가 오기도 했다.

그러다가 나도 모르게 생긴 자신감으로 라이더들이 많이 간다는 팔당대교를 지나 아름다운 능내역까지 자전거를 타게 되었

다. 오르막의 팔당대교 교각을 달리는 것이 쉽지 않았지만 아름
다운 남한강의 절경을 보며 달리고 또 달렸다. 나의 거친 숨소리
만으로도 내가 건강하게 살아 있다는 자신감이 생겼다. 내 몸의
에너지가 충만해야 세상도 아름다워 보이나 보다.

    자동차로 드라이브할 때는 보지 못했던 풍경들이
    보이고 새로운 세계에 눈을 뜬 기분이었다.
    그래서 에너지가 충천되어 다음 날을
    활기차게 지낼 수 있는 힘을 얻곤 했다.

    그러던 어느 날 친구들이 한강 이남의 하트코스 라이딩을 함
께하자는 제안을 했다. 서울의 강남 쪽과 과천, 안양을 아우르는
길로 라이더들 사이에서는 반드시 달려 봐야 하는 길이라고 한
다. 성산대교 밑 안양천 합수부에서 시작하여 한강 남단을 달려
서 종합운동장 탄천 합수부를 통해 탄천, 양재천, 학의천, 안양
천을 달리는 코스로 약 70킬로미터의 거리다. 전체적인 코스의
형태가 하트를 닮았고 달리면 사랑이 이루어진다고도 한다. 참
재미있고 호기심을 자극하는 길이다.
    친구들과 함께 보조를 맞춰야 하는 상황이라서 자신이 없었지

하트 코스를 달리며

만 일단 해 보기로 했다. 예전의 내가 아니다. 할 수 있는 기회
가 온다면 그 일이 큰일이든 작은 일이든 해 보기로 했다. 이날
의 폭염만큼이나 내 마음은 열정으로 가득했다. 다른 사람 눈에
는 자전거 타는 일이 대단하지 않더라도 내게는 새로운 발견이
고 도전이었다. 긴 거리를 죽을힘을 다해 달려왔는데 하트에 화
살을 꽂자고 조금 더 타자는 제안을 한 친구가 했다.

"그래, 화살을 꽂자."

내 대답에 친구들이 놀란다. 성산대교에서 김포 쪽으로 달려
서 행주대교들 넘고 다시 돌아온 안양천합수부. 그곳에서 맞이
한 한강의 야경을 잊을 수가 없다. 하트 코스를 달리고 와서 화
살까지 꽂으니 내 자전거의 속도계는 100㎞를 달렸음을 보여 준
다. 속도와 거리가 중요한 것은 아니지만 그 거리를 친구들과 보
조를 맞추어 달린 것 자체가 놀라웠고, 내 스스로 자랑스러웠다.
하트 모양의 자전거 길에 화살을 꽂고 온 날의 성취감은 굉장히
컸다.

그해 봄, 나를 유혹한 자전거는 여름 · 가을 · 겨울까지 안양천
길, 한강 북단 길, 경인 아라 뱃길을 달렸다. 그리고 반포대교의

야경을 보기 위해서도 달려갔다. 최근에는 무엇인가에 몰입해 본 적이 없었고, 겨우 숨쉬기 운동만 하였던 나로서는 우주의 행성 충돌만큼이나 큰 변화다. 무서움이 많았던 내가 어느 순간 할 수 있다는 용기와 함께 열심히 땀을 흘리고 있었다.

처음엔 전혀 들리지도 않았던 바람 소리와 풀벌레 소리가 들렸다. 그해 흘린 땀으로 인해 내 몸과 내 마음이 건강해지고 있었다. 난 예전의 내가 아니었다. 또 다른 나의 새로운 면을 찾아가는 중이었다. 극도의 스트레스와 면역력 저하로 한때 안면신경마비도 겪어 봤던 나였다. 운동은 정말 숨쉬기밖에 안 했었다. 그런 내게 선물처럼 다가온 자전거다.

내가 흘린 땀은 헛되지 않았다.
생활의 활력을 가져다주었고,
마음의 응어리들을 날려 버릴 수 있었고
지난날에 대한 후회와 자책도 줄어들었다.
달리고 또 달렸다. 오로지 내게만 집중하면서….

부산에서 서울까지, 두 바퀴에 몸을 싣고

라이더들 사이에서는 한 번쯤은 해 보고 싶어 하는 국토 종주. 대학 때도 안 해 본 국토 순례 대행진. 자전거를 타는 친구와 "나도 국토 종주란 거 해 보고 싶어."라고 툭 한번 내뱉은 말을 실행하게 될 줄은 꿈에도 몰랐다. 자전거를 타기 시작한 지도 얼마 되지 않았고 하루 타는 것과 여러 날 타는 것과는 크게 다르기 때문이다.

어떤 일을 결정할 때 몇 날 며칠을 심사숙고해서 결정할 때도 있지만 어느 순간 갑자기 결정할 수도 있다. 지금 아니면 할 수 없을 것 같았다. 내가 자전거를 타게 된 것도 갑작스런 기회였고 국토 종주하겠다고 생각하게 된 것도 모두 갑작스런 결정이었다.

이런 순간의 기회들이 내게는

황금 같은 노다지인지도 모른다.

어쩌면 내 생각과 생활을 바꿔 놓을

결정적인 순간이 될 수도 있다.

기회가 될 때 해 보고 싶었다.

나이가 많아. 너무 무리야. 여자가 쉽지 않아. 주변에서 이런 우려의 소리도 들었지만, 내일, 내년 아니 몇 년 뒤에는 가능할까 싶었다. 아닐 것 같았다. 몇 년 후 내가 자전거를 더 잘 타게 돼도 기회는 쉽게 오는 것이 아니다. 아니, 일생에 처음일 수도 있다. 그리고 나 혼자였다면 꿈도 꿀 수 없는 일이었다. 길도 잘 찾지 못하는 내겐 혼자라면 불가능한 일이었다. 그래서 나는 국토 종주에 참여하기로 했다.

계절의 여왕 오월에 아주 특별한 휴가를 떠나게 되었다. 국토 종주는 인천 아라 뱃길에서부터 낙동강 하구까지 633킬로미터의 길을 달려야 한다. 코스는 아라 자전거 길, 한강 자전거 길, 남한강 자전거 길, 새재 자전거 길, 낙동강 자전거 길로 이어진다. 대부분은 서울에서 부산으로 내려가지만 우리는 부산에서부터 서울로 올라오는 코스를 택했다. 왜냐하면 서울에서 부산으로 가는 라이더들이 많기도 하고 종주를 끝낸 후 지친 몸으로 부산에서 기차를 타고 올라와야 하는 것이 부담스러웠기 때문이다. 또한, 바람의 방향도 고려한 전략이었다. 지나고 보니 너무 탁월한 선택이었다.

시작하기 전날 저녁에 강남터미널에서 서부산터미널로 버스를 타고 이동했다. 버스에 내 자전거를 싣는 것부터 큰일이었다. 앞바퀴를 빼고 실어야 하는데 친구들이 모두 도와주었다. 어둠 속을 한참을 달려 아주 늦은 시간 도착했다. 그 여파로 시작 첫날부터 몸이 제대로 풀리지 않았지만 열심히 페달링을 했다. 우선 낙동강 하류에서 상류에 위치한 안동댐까지 가야 하는데 하루 130킬로씩 강행군을 해야 한다. 오월이라고는 하지만 남쪽이라서 그런지 벌써 여름이 성큼 와 있었다.

철새 도래지로 유명한 낙동강 하구 을숙도에서 출발했다. 을숙도 문화회관 앞 광장이 낙동강 자전거 길 및 국토 종주의 기점이 되는 곳이다. 낙동강은 우리나라에서 가장 길이가 긴 강이다. 시댁이 부산이라 자주 봐 왔던 강이다. 그러나 먼발치에서 조금 보는 정도였지, 낙동강 강가로 와 볼 생각은 하지 않았다. 기찻길 아니면 고속도로 길로 다니다가 힐끗 본 정도가 다였다.

자전거를 타고 낙동강의 속살을

보게 될 줄은 상상도 못 했었다.

영남 지역의 넓은 평야를 적시는 젖줄,

낙동강을 따라 달리기 시작했다.

출발지는 부산 구포가 가까워 아파트 숲도 보이고 사람도 많았다. 구포에서 양산으로 이어지는 낙동강 변은 일반 시민이 산책하는 길과 자동차가 지나는 길도 건너게 되고 바닥요철이 심했다. 시작부터 어려움을 느꼈다. 가는 길은 참 다양했다. 어느 길은 교량 형태의 데크 길이었고 어느 길은 너무 지루한 평지길이다.

특히 양산에서 함안까지 거리가 꽤 길다. 한여름에 달리면 낙동 사막이라는 별명이 붙은 곳이라고 한다. 그만큼 덥고 지루한 길이다. 그래도 낙동강을 바로 옆에 두고, 경부선 철도와 함께 달리니 강바람이 땀을 식혀 준다. 낙동강 철길 주변에 빼어난 풍광을 따라 달리는 기분은 참 상쾌했다. 잘 정비되어 있는 자전거 길도 있지만 많은 예산을 투입한 시설물들이 관리되지 않아 망가진 채, 방치되어있는 곳들도 많이 보였다. 안타까웠다.

낙동강을 따라 첫날은 창녕 함안보까지, 둘째 날은 구미보까지, 셋째 날은 안동댐까지 달렸다. 별 굴곡 없는 길도 만나고, 산길로 접어들어 달리다 보면 농로 길도 만났다. 풍경을 감상할 여유는 꿈도 꿀 수 없는 오르막길도 있었다. 박진고개와 다람재라는 고갯길이다.

처음 만나게 된 박진고개는 하필이면 어둠이 내리고 라이딩을 마무리해야 할 때 나타났다. 그 고개를 넘지 않고 갈 방법은 없었다. 지칠 대로 지친 시간대였다. 처음에는 업힐에 자신 있다고 생각한 터라 가파른 박진 고개를 오르기 시작했다. 중도에 포기하고 싶은 생각이 수없이 들었지만 페달링을 했다. 하지만 올라가다 중도에 포기할 수밖에 없었다. 나는 자전거에서 내려 끌고 올라갈 수밖에 없었다. 패배감이 들기도 했지만, 무엇보다 안전이 우선이었다. 늦은 밤에 무리해서 자신 없는 길을 달리다가는 큰 사고로 이어질 수도 있다. 그 어려운 고개를 올라온 친구들에게 박수를 보냈다.

이틀째에 만난 다람재는 합천과 달성 사이에 있는 고개다. 짧지만 경사가 굉장히 가파르다. 이 고개에서도 나는 자전거를 끌고 걸어 올라갔다. 친구들에게 말했다. 앞으로 서울까지 달려가려면 3, 4일이 남았는데 모든 에너지를 쏟을 수 없어서 아껴 두어야 한다고. 틀린 말은 아니지만, 사실 실력이 안 되었고 자신

국토종주 길에서

도 없었다.

칠곡보부터는 낙동강 상류 구간 시작이라 경사도가 급하지 않을까 걱정이 되었지만, 다행히도 별 굴곡 없이 약간의 업힐과 다운힐이 이어지는 구간이었다. 낙단보와 상주보 사이의 안내 표지판들은 친절하다 싶을 만큼 잘 정비되어 있었다. 상주가 자전거 도시임을 확인할 수 있었다. 상주보에서 안동댐까지의 거리는 생각보다 멀었다.

삼 일째부터 다리에 감각이 무뎌지고 있었다. 상주 상풍교까지 가는 길에 하늘조차 아름다운 경치에 놀랐다는 뜻의 경천대를 지난다. 낙동강 1,300리 물길 중 가장 아름다운 절경을 뽐내는 구간이다. 낙동강 제방과 산길, 들길을 따라 이어지는 코스로 이름에 걸맞는 멋진 풍경이었다. 상주에 도착하니 오늘부터라도 함께 자전거를 타기로 한 친구도 합류하고 사진을 찍어 주고자 응원 온 친구들도 만났다. 배려하고 사랑하는 마음이 없다면 결코 쉬운 일이 아니다.

국토 종주를 할 때 대부분은 상주 상풍교에서 새재 길로 달린다. 왜냐하면 안동댐 가는 길은 국토 종주 구간에 포함되어 있지 않기 때문이다. 그러나 안동댐까지의 길을 라이딩을 해야 4대강 종주 중 하나인 낙동강 길의 종주가 완성되기 때문에 우리는 그 길로 달리기로 했다. 좀 더 긴 시간을 달려야 하지만 보람 있는 계획이었다.

그러나 안동까지 가는 길은 정말 힘들었다. 고맙게도 안동에 사는 친구가 미리 마중을 나와 안동댐까지 함께 자전거를 타며 안내해 주었다. 친구들을 위해 기꺼이 봉사하고 배려해 준 것이다. 안동 가는 길은 상류로 거슬러 올라가는 길이기도 하여 많이 힘들었다. 그러나 달려가는 것을 멈출 수는 없었다. 늦은 밤 낙동강 종주 길의 종점인 안동댐에 도착했다. 땀인지 눈물인지 분간이 안 되는 것이 얼굴을 뒤덮고 있었다. 우리를 마중 나왔던 친구가 맛있고 유명하다는 안동찜닭 집으로 안내하니 비로소 안동에 온 실감이 났다.

삼 일을 밤낮없이 달려온 낙동강 길. 오월의 낙동강 자전거 길은 아기자기한 유채꽃과 들꽃이 참 아름다웠다. 한 폭의 그림 같았다. 자동차로 가면 보이지 않는 것들을 자전거를 타면서 볼 수 있게 된다. 우리 강산은 아름다운 것들이 너무 많았다. '내가 이렇게 아름다운 나라에 살고 있었구나!' 새삼 느끼게 됐다.

온갖 꽃들이 피어 있고 그 꽃들의 향기를 맡으며
유유히 흐르는 낙동강을 바라보며 달리는 기분은

자전거를 타지 않는다면 느낄 수 없는 것이다.

물론 어려움도 많았다. 인생의 굴곡이 있듯이 때로는 친절하지 못한 자전거 길, 예상치 못한 업힐과 다운힐, 그리고 더위로 힘들었다. 그리고 가끔은 체력 저하로 집중력이 흐려지기도 했다. 안동댐에 도착하여 절반의 성공을 거두었다는 생각에 다시 힘을 내 본다. 라이딩하는 내내 퉁퉁 부은 얼굴과 햇볕에 그을린 얼굴을 보고도 마음은 기뻤다. 난 달리기만 한 것밖에 없었다.

기획하고 리딩해 준 고마운 친구. 이 친구는 매번 길 찾기의 신공을 보여 주었다. 정말 대단한 친구다. 또 자전거를 타지 않고 우리를 차로 안내하며 이동해 준 친구들이 있었다. 어느 날 저녁은 그 친구들이 끓여 준 전복 삼계탕과 닭죽 그리고 라면까지 먹었다. 집에서부터 세 종류의 김치를 준비해 오고, 조리 기구와 그릇을 가지고 와서 손수 장을 보고 요리를 해 주었다. 웬만한 정성이 아니면 하지 못할 일이다. 고마운 친구들이다. 또한 내 소중한 친구 성미가 함께하였기에 국토종주가 가능했다.

넷째 날, 아침으로 콩나물 국밥을 먹고 상주 상풍교 쪽으로 이동하여 새재 길로의 라이딩을 시작했다. 이날은 충주 탄금대까지 가는 것이 목표다. 상주 상풍교에서 출발하는데 출발하자마자 약간의 업힐 구간이 나타난다. 곧이어 내리막인데 내 자전거에 문제가 생겼다. 갑자기 브레이크가 작동되지 않는 것이었다. 너무 놀랐다. 순간 자전거를 버리고 앞에 달려가는 친구를 부르며 뛰어내렸다. 다행히 팔에 찰과상 정도만 입고 자전거도 부서지지 않았다. 지금 생각해 보아도 아찔한 상황이었다.

몇 킬로를 달리냐에 신경 쓰며, 아직 끝나지도 않았는데 성취감에 사로잡힌 나를 반성했다. 출발하기 전에 브레이크도 점검하고 기본적인 것을 체크해야 하는데 간과했기 때문이었다. 브레이크 이상으로 출발도 지연되었고 삼 일 연속 좋았던 날씨와 다르게 최악의 황사 돌풍까지 불었다. 여름의 길목으로 가는 시기인데 황사라니. 특히 오늘 달리는 구간은 이화령과 소조령을 넘어야 하는 힘들고 어려운 구간이다. 황사로 앞이 안 보이지도 않고 4일차의 컨디션은 바닥으로 떨어졌다.

이화령 구간은 오르막 5킬로미터와 내리막 6킬로미터로 이루어진 해발 548미터 고개구간이다. 차량이 거의 없는 국도 구간을 활용해 자전거 길을 조성했다. 노련한 라이더가 전력을 다해도 한 번에 오르기 쉽지 않을 정도로 힘든 구간인데, 그곳을 무정차로 오르는 친구들도 있었다. 서울에서 내려올 때 경사도보다 부산에서 올라가는 구간의 경사도가 훨씬 크다고 한다. 특히 브레이크가 고장 났었던 아침에 놀란 가슴이 쉽게 진정되지 않았기에 자신이 없었다.

국토 종주를 시작하고 4일차가 되니 이런 마음이 들었다. '여기까지만 탈까? 못한 구간은 다음에 하지, 뭐. 나눠서 타는 사람들도 많다는데…' 하지만 그럴 수는 없었다. 누구를 위한 일도 아니고, 이것을 해냈다고 누가 상을 주는 것도 아니지만 나와의 약속이라 멈출 수는 없었다. 점점 거칠어지는 숨소리와 아파 오는 통증을 부둥켜안고 오늘도 주어진 길을 달려갈 뿐이었다.

탄금대에서

이화령 국토종주 길에서

체력은 바닥으로 떨어지고 정신력으로 버티고 있었다. 그 정신력으로 아기자기했던 소조령도 넘고 수주팔봉도 보고 수안보를 지나 탄금대까지 가서 라이딩 일정을 마무리했다. 이날도 몇몇 친구들이 숙소로 찾아와서 격려와 응원을 해 주었다. 이런 경험을 하고 있는 나는 분명 선택받은 사람이란 생각을 했다. 몸은 천근만근이지만 마음은 행복했다.

마지막 날은 아예 자전거에 다리를 올리기도 힘들었다. 하지만 통증을 견디며 달리고 또 달렸다. 탄금대에서 최종 목적지 운길산까지 가는 길은 어쩌면 지나온 길보다 더 힘들지도 모르겠다.

늘 들어 온 이야기, 시작보다 마지막이
중요하다고 마무리를 잘해야 한다는 말.
그런데 그게 늘 쉽지만은 않다.
비단 자전거 길에서만 그럴까.
인생길에서도 살아온 길 끝에
마무리의 삶이 더 중요하다고 하지 않은가.

달리는 중간 휴식 시간에도 말도 잘 나오지 않는다. 너무 힘이 들기 때문이다. 충주 탄금대에서 충주댐을 지나 운길산역까지 거의 약 130킬로다. 종주 기간을 좀 더 길게 잡았다면 쉬엄쉬엄할 수도 있었겠지만 모두들 시간 내기가 쉽지 않았다. 황금 같은 연휴 기간이었다. 이 기간에 아주 특별한 휴가를 보내고 있는 셈이다. 마지막 날도 바람이 강했다. 맞바람이다. 바람의 영향도 있지만, 다리에 힘이 주어지지 않았다. 선글라스도 벗을 수가 없었다. 내 얼굴이 아니었다.

운길산역에 도착한 것은 그날 밤 12시가 다 되어서였다. 다시 일상으로 돌아왔지만 만만치 않은 업힐, 사고의 위험이 도사리는 다운힐, 끝이 보이지 않는 둑방길, 내 곁을 쏜살같이 지나가는 차량들. 그 길을 어떻게 달려왔는지 지금도 놀랍다. 내가 지금까지 살아온 인생살이와 참으로 비슷하다 느껴진다. 그 멀고 힘든 길도 마치고 보니 아름다운 경치 구경하며 소풍처럼 행복하게 다녀올 수 있었던 것으로 기억된다.

두 바퀴에 몸을 싣고 해 뜨기 전부터 노을이 지고 별이 빛나는 밤까지 낙동강 하구부터 한강 운길산역까지 5일 밤낮을 달리고 또 달려왔다. 나 자신에 집중하며 달리고 또 달렸다. 강을 따라 이어진 길엔 이름 모를 꽃들이 다투어 피어나고 연둣빛 나뭇잎들이 흔들거리고 있었다. 저마다의 생명들이 숨을 내뿜고 있었다.

꽃길만이 있던 것은 아니었다. 평지 길만 있던 것도 아니었다.

〔 늦지 않았어, 오늘이야 〕

위험한 차도와 업 다운이 연속된 길도 있었다. 안동 가는 길, 이화령 길, 새재 길에서는 순풍만 부는 것이 아니라 황사 바람과 거친 강풍을 맞을 수밖에 없었다. 지나온 길들이 우리의 삶과 같았다. 그 속엔 웃음과 감동이 있었고 땀과 아픔이 있었다.

　길은 스치고 지나갔지만 남은 것은

　결국 사람이었고 그 사람들의 우정과 배려였다.

혼자 해낼 수 있는 건 없었다. 함께였기에 가능한 일이었다.

한동안 내 얼굴은 내 모습이 아니었지만 난 행복하게 웃었다.

국토 종주가 내게 준 떨림과 설렘은 오래도록 기억될 것이다.

부산에서 서울까지 국토 종주를 하고 나서도 자전거 타기를 멈추지 않았다. 국토 종주를 하면서 달린 낙동강 종주를 포함하여 한강 종주, 금강, 영산강 자전거 길을 종주하여 4대강 종주를 달성했다. 그다음 해에는 새 봄을 맞아 벚꽃이 아름다운 섬진강 길을 달렸다. 그리고 평생 맞을 비바람을 모두 맞고 국토 종주보다 더 힘들게 제주 환상 종주도 무사히 완주했다.

제주도 환상 종주는 당분간은 제주도에 가고 싶지 않을 정도로 힘들었다. 제주 종주 길에 이어 충청도 오천 길을 종주하고 마지막으로 고성에서 영덕까지 잇는 동해안 종주까지 끝냄으로써 자전거길 국토 완주 그랜드 슬램을 달성했다. 자전거길 국토 완주 그랜드 슬램을 위해 자전거로 달린 총 거리는 1,861킬로미터다.

해냈다, 그랜드 슬램!

나는 오늘도 무릎 보호대를 찬다

어느 정도 한강에서 자전거 타기가 익숙해지니 욕심이 났다. 남산을 자전거로 오르고 싶었다. 어느 더운 여름날 남산을 자전거로 오르기로 했다. 걸어서도 별로 올라가지 않았던 길을 자전거로 오를 수 있다니 기쁨으로 다가왔다. 호흡을 조절하고 기어를 변속해 가며 남산 오르기를 성공했다.

기쁨과 성취감에 취해 내려오는 길에 사고가 났다. 남산 길은 자전거 전용도로가 아니기 때문에 더 주의를 기울여야 했다. 내려오는데 큰 관광버스가 내 뒤를 따라오다 경적을 크게 울렸다. 그 소리에 깜짝 놀라 당황한 나머지 핸들을 급하게 꺾으면서 브레이크를 잡았다. 자전거와 함께 나는 붕 떠서 낙상을 하고 말았다. 다행히 큰 부상은 아니었지만 무릎에 찰과상을 입었다. 아직도 그 상처가 남아 있다.

그날 이후 나는 무릎 보호대를 꼭 한다. 마치 자동차 운전수가 계속 초보운전을 붙이고 다니는 것 같다. 국토 종주까지 해 놓고도 폼 안 나게 하고 다니는 것이 창피할 때도 있었지만 어느 순간 남의 눈은 중요하지 않다는 생각을 했다. 그러고 나니 마음도 편해졌고 자전거를 타는 데 자신감도 더 생겼다.

무릎 보호대는 국토 종주 4일차에 브레이크 이상으로 자전거에서 떨어질 때에도 나를 보호해 주었다. 무릎 보호대를 하지 않았다면 아마 대형 사고였을 것이다. 무릎 보호대는 무릎만 보호하는 것이 아니라 마음도 안정시킨다. 사고란 예기치 않게 발생한다. 무릎 보호대는 나의 몸과 마음을 보호하는 안전장치다.

국토 종주를 시작하며 과연 할 수 있을지
겁이 났지만, 용기를 내어 일단 시작했다.
겁이란 해 보지도 않고 자기가
만들어 놓은 '테두리'인지도 모른다.
그 테두리를 벗어나 일단 행동으로 옮기니
내게 있던 겁과 두려움이 조금씩 줄어들었다.

그러던 내가 드디어 동해안 종주를 끝으로 그랜드 슬램을 달성했다. 진주알을 하나하나 꿰어 멋진 진주 목걸이를 완성한 느낌이 들었다. 특히 나이를 먹고 예전의 열정과 끈기를 잃어 가고 있었기에 무슨 일을 끝까지 해낸 것도 참 오랜만이었다. 시작하고 보니 끝이 보였다. 물론 그랜드 슬램을 했다고 해서 끝은 아니다. 어쩌면 또 다른 시작이다. 익숙했던 길을 걸어왔던 내가 직장을 관두고 또 다른 나를 찾기 위해 새로움의 길로 들어선 것처럼.

이 많은 길을 자전거를 타고 달리면서 갇혀 있었던 내 생각과 아픔들을 버리고 또 버릴 수 있었다. 하지만 아직도 나는 버려야 할 것들이 많다. 그리고 많은 것을 생각했었다. 그중 하나가 자전거는 후진이 되질 않는다는 것이다. 앞으로만 나아가야만 한다. 지금까지 지나온 길보다 앞으로 갈 길이 중요하다. 왜 이리 후회되는 것이 많은지 마음이 아파 오는 순간도 많았다. 그때 그러지 말았어야 했는데, 그때 그러지 않았다면 어땠을까?

수많은 후회와 생각들이 계속 따라다녔지만
바람 속에 조금씩 날려 버릴 수 있었다.
넘어져도 일어나서 다시 페달을 밟고 앞으로 나가야 했다.

〔 늦지 않았어, 오늘이야 〕

처음엔 돌부리에 채일까 땅만 보고 달렸다. 그러다 보니 온몸이 경직되었다. 여유를 가지고 고개를 들어 멀리 보고 달리니 주변의 아름다움이 보였다. 내 앞에 땅만 보고 달리는 인생은 외롭고 팍팍하다. 나만 생각하는 욕심이 생긴다. 그러나 앞길도 보고 먼 하늘도 보며 주위 풍경을 살피며 가는 길이 훨씬 풍요롭다.

또한, 균형감이 중요하다. 적당한 속도를 유지하여야 자전거가 쓰러지지 않는다. 너무 빠르게 가거나 느리게 가도 균형이 깨져 넘어지기 쉽다. 제주도 종주 길에서의 날씨는 가장 안 좋았다. 바람이 앞바람, 뒷바람만 부는 것이 아니라 옆바람까지 불었다. 내 몸은 나의 의지와 상관없이 안 넘어지기 위해 바람 부는 방향의 반대로 움직였다. 거의 본능적이었다. 이렇듯 균형을 잡으려고 나의 몸은 알고 반응하고 있었다. 이런 자연스러운 현상을 우리가 일부러 균형을 깨고 있지는 않나 돌아보게 된다. 일상에서도 지나치게 치우침이 없는 삶의 태도를 지녀야겠다고 생각했다. 쉽지는 않겠지만 균형감과 평정심을 유지하려고 노력해야겠다.

자전거의 균형을 유지하는 것도 중요하지만 내 몸의 균형도 중요하다. 중간에 지치지 않도록 체력 안배도 중요하다. 힘들면 반드시 쉬어야 한다. 무리해서 가다가는 큰 사고로 이어질 수 있다. 무슨 일이든 쉼 없이 하다가 건강의 적신호가 온 적이 얼마나 많은가. 마지막 동해안 종주에서 오른쪽 다리를 쓸 수 없을 정도의 통증이 왔다. 내 상태를 보고 친구들이 장경인대염 증상이라고 했다. 이유는 업힐에서 욕심을 내고 무리하게 힘을 준 것이다. 업힐에 자신 있다고 자신감을 뽐낸 결과였다. 아픈 다리를 질질 끌면서 왼쪽 다리로만 페달을 밟을 수밖에 없었다.

달리다 보면 달려온 거리가 많은 만큼 남은 거리가 짧아졌다. 633㎞의 여정에서 400㎞를 마치면 남은 거리가 233㎞다. 500㎞를 달려오니 남은 거리는 133㎞였다. 많은 거리를 달려올수록 남아 있는 거리가 짧아진다. 그 길이 우리의 삶과 같다고 느낀다.

빨리 가고 싶지만, 마음껏 즐기며 천천히 가고자 한다.
즐기지 못하고 빨리만 달린다면 무슨 재미가 있을까.
인생이 그리되면 너무 허무할 듯싶다.

자전거 달리기는 산행처럼 철저히 혼자였다. 내 다리로 걸어 올라갈 수밖에 없었던 것처럼 내 다리로 페달을 열심히 밟아야 했다. 내 자전거를 누군가 대신 움직이게 할 수가 없었다. 그러나 또한 국토 종주 라이딩은 함께하는 것이었다. 함께였기에 그

복잡하고 어려운 길들을 잘 찾아갈 수 있었고 각자였지만 함께여서 외롭지 않았다. 어디를 가느냐보다 누구와 함께한다는 것이 중요하다는 것을 알았다.

또한 무엇보다도 자전거는 즐기는 마음 자세가 중요했다. 운동을 목적으로 하다 보면 타기 싫고 금방 지친다. 난 재미나게 놀려고 자전거를 탄다. 그래야 바람 소리도 들리고 풀 향기도 맡을 수 있고 꽃이 피는 모습이 보인다. 지난 봄날엔 우아한 목련이 지고 벚꽃이 떨어지는 것만 봐도 가슴이 철렁했다. 이젠 아니다. 이제 나의 봄엔 꽃이 져도, 연녹색의 잎들이 더 찬란하게 빛날 여름이 오고 있고, 새로운 시작을 위해 기꺼이 쓰러져 갈 가을이 올 것이다.

정말 행복한 날들이란
특별하고 신나는 일이 생기는 날이 아니라
햇살 아래 바람이 얼굴을 스치는 날이다.
오늘도 난 무릎 보호대를 하고 자전거를 탄다.

하루보다 일주일이, 일주일보다 한 달이,
한 달보다 사계절이 빠름을 느끼는 요즘
어느새 오십하고도 반이 훌쩍 넘고
또 한 번의 겨울을 맞고 있다.

늦은 나이에 선택했던 경험들이
'또 다른 나'로
다시 태어나게 만들었다.

아프리카로의 여행도
날 유혹한 자전거 길에서도
하늘과 맞닿은 땅 티베트에서도
잠시 품에 안겨 본 히말라야에서도

어렵고 힘들었던 순간들이
오히려 나를 지탱해 주는 힘이 되었다.

특별함을 마주하러 가서
평범하고 사소한 것이 그리워졌다.
평범한 일상과 순간이
특별했다는 걸 알았다.

혼자 걷고 혼자 달렸지만
혼자가 아니었다.
결국, 함께였고
함께라서 큰 위안이 되었다.
여행이야 혼자 할 수 있지만

인생은 혼자 갈 수 없다.

앞으로의 시간들도

채워 가며 또 비워 내며 걸어야 할 여행길이다.

가족, 친구, 인연들

그들에게 난 어떤 사람일까.

그 길에서 맺은 소중한 인연들을 잊지 않기로 했다.

그들이 나를 존재하게 하였고

나의 무거운 짐을 함께 들어 주고 있었다.

여행길에 많은 짐은

감당하기 힘들게 했다.

버려야만 걷기도 달리기도 쉬웠다.
줄이고 줄여서 가볍게 가고 싶다.
그리고 천천히 가고 싶다.

앞으로 남은 삶 속에서
가져가야 할 것과
버리고 가야 할 것을 생각하며
마음 밭을 더욱 가꾸어야겠다.

아직 가 보지 않은 길들
바람처럼 다가오는 시간들도
이제는 선물처럼 받을
용기가 생겼다.

부족한 저를 좀 더 좋은 사람으로 노력하게 만들고

제가 걷고 달리는 길을 항상 뒤돌아봐 주는

소중한 사람들에게 고마움을 전합니다.